RI - 67

**PAUL DESCHANEL**

DE L'ACADÉMIE FRANÇAISE
DÉPUTÉ D'EURE-ET-LOIR

# HORS
# DES FRONTIÈRES

PARIS
BIBLIOTHÈQUE-CHARPENTIER
EUGÈNE FASQUELLE, ÉDITEUR
11, RUE DE GRENELLE, 11
1910

# HORS DES FRONTIÈRES

## OUVRAGES DE M. PAUL DESCHANEL

**Orateurs et Hommes d'État**, 1888 (9ᵉ édition). *Ouvrage couronné par l'Académie française*.......... 1 vol.

**Figures de Femmes**, 1889 (6ᵉ édition). *Ouvrage couronné par l'Académie française*................ 1 vol.

**Figures littéraires**, 1890 (4ᵉ édition)............. 1 vol.

**Questions actuelles**, 1891 (2ᵉ édition)............ 1 vol.

**La Décentralisation**, 1895..................... 1 vol.

**La Question sociale**, 1898 (10ᵉ édition)........... 1 vol.

**La République nouvelle**, 1898 (7ᵉ édition)........ 1 vol.

**Quatre ans de Présidence**, 1902 (3ᵉ édition)...... 1 vol.

**L'Idée de Patrie**, deux discours à la Chambre des Députés, 1905................................ 1 broch.

**Politique Intérieure et Étrangère**, 1906 (6ᵉ édition)........................................ 1 vol.

**A l'Institut**, 1907............................. 1 vol.

**La Question du Tonkin**, 1883................... 1 vol.

**La Politique française en Océanie**, à propos du canal de Panama, 1884. *Ouvrage couronné par la Société de Géographie commerciale*................ 1 vol.

**Les Intérêts français dans l'Océan Pacifique**, 1885. *Ouvrage couronné par la Société de Géographie commerciale*..................................... 1 vol.

DANS LA BIBLIOTHÈQUE-CHARPENTIER
à 3 fr. 50 le volume.

**L'Organisation de la Démocratie**, 1910 (3ᵉ mille). 1 vol.

---

IL A ÉTÉ TIRÉ DU PRÉSENT OUVRAGE :

*10 exemplaires numérotés sur papier de Hollande.*

PAUL DESCHA

DE L'ACADÉMIE FRANÇAISE
DÉPUTÉ D'EURE-ET-LOIR

# HORS
# DES FRONTIÈRES

PARIS
BIBLIOTHÈQUE-CHARPENTIER
EUGÈNE FASQUELLE, ÉDITEUR
11, RUE DE GRENELLE, 11

1910
Tous droits réservés.

# INTRODUCTION DE L'ANNOTATEUR[1]

M. Paul Deschanel est président de la Commission des Affaires extérieures depuis cinq ans et rapporteur du budget des Affaires étrangères depuis quatre ans. L'unanimité avec laquelle ses collègues lui renouvellent chaque année ce double mandat prouve la confiance qu'ils mettent en lui et qu'il a conquise tout à la fois par sa

---

1. M. J. Aulneau, dont on a lu, dans le *Journal des Débats*, la *Revue politique et parlementaire*, la *Revue d'histoire diplomatique*, le *Mois colonial*, les *Annales des Sciences politiques*, etc., des articles de politique extérieure remarqués, notamment sur les affaires d'Orient, et qui a réuni les éléments de ce volume, a bien voulu écrire, sur notre demande, l'Introduction suivante. (*Note de l'éditeur.*)

compétence et par la clarté et la continuité de ses vues.

Dès ses premiers écrits de politique extérieure, en 1883[1], il indiquait à la diplomatie française ce double objectif : l'alliance russe et l'entente anglaise. A cette époque, de telles idées paraissaient chimériques, car la Russie était encore liée à l'Allemagne, et elle était la rivale de l'Angleterre en Asie. M. Paul Deschanel s'est plaint souvent de la lenteur que la France mit à comprendre et à réaliser son intérêt le plus évident. Que de retards, en effet, du côté de la Russie, — par l'affaire Appert, par l'affaire Hartmann, etc., — jusqu'au jour où enfin Alexandre III, irrité contre Bismarck, fit jouer *La Marseillaise* à Cronstadt! Et que de retards, du côté de l'Angleterre, depuis l'affaire d'Égypte, en passant par Fachoda, jusqu'au jour où Edouard VII, en présence des progrès de l'Allemagne, se rapprocha de la France!

En pleine guerre du Transvaal, alors que l'opinion française, entraînée par une générosité im-

---

1. *Frédéric II et M. de Bismarck*, mars 1883.

prudente, prenait parti pour les Boers, au risque de jeter l'Angleterre aux bras de l'Allemagne, M. Deschanel, alors président de la Chambre, résistait au courant et s'écriait : « Quand on ne secourt pas les faibles, fussent-ils héroïques, on ne harcèle pas les forts[1] ».

Dans un discours que nous publions ici, il appelle cette longue rivalité d'un quart de siècle entre la France et l'Angleterre après la guerre de 1870, un des « grands contre-sens de l'histoire »,

---

1. « Et peut-être y aurait-il à tirer quelque moralité de ce qui se passe chez certains peuples où, aux heures de crise les plus graves, la nation entière — et ceux-là même qui critiquent le plus amèrement les actes du pouvoir — se serrent autour des hommes qui représentent la patrie, comme autour du drapeau.

« Des événements qui se déroulent sous nos yeux, je ne dirai qu'un mot, parce que je suis sûr qu'en le disant je ne sortirai pas de la réserve que m'imposent mes fonctions et que je ne gênerai en rien le gouvernement de mon pays.

« Quand on ne peut pas soutenir les faibles, fussent-ils admirables et héroïques, il est à la fois puéril et imprudent de harceler les forts, et surtout de les outrager; il n'est pas de politique plus faible, plus imprudente.

« Ne nous laissons pas détourner des graves devoirs que les guerres continentales de la seconde moitié de ce siècle nous ont imposés, et continuons de marcher dans notre voie droite... »

(A Nogent-le-Rotrou, 4 mars 1900.)

et l'on sait, par un de ses précédents ouvrages, *Politique intérieure et étrangère*, ce qu'il a pensé de la guerre de Mandchourie et de l'aventure de Tanger.

Ce sont les mêmes principes et les mêmes préoccupations qui animent ses récents discours sur les affaires du Maroc et sur les affaires d'Orient (1907-1910).

Au Maroc, maintenir la prééminence française, mais sans conquête (inutile, d'ailleurs), afin de conserver notre liberté d'action en Europe, tout en gardant les approches de l'Algérie; subordonner, là comme partout, notre politique coloniale à notre politique générale; en Orient, sauvegarder l'intégrité de l'empire ottoman et l'indépendance des nations balkaniques, défendre cet équilibre oriental dont la rupture risquerait de compromettre la paix de l'Europe et de jeter de nouveau nos alliés en de lointains conflits : telles sont les idées maîtresses des discours et des écrits que nous avons recueillis en ce volume.

Et c'est là ce qui explique que certaines paroles prononcées il y a deux ou trois ans sont toujours actuelles et s'appliquent aux événements d'aujourd'hui et de demain comme à ceux d'hier.

Pour faire de bonne politique extérieure, il faut un bon outil. Comme rapporteur de la Commission du budget, M. Paul Deschanel a pris l'initiative d'importantes réformes, dont les unes sont accomplies, les autres en voie d'exécution, d'autres entravées par des conflits d'attributions et de responsabilités auxquels il faudrait mettre un terme. Certains États payent, au moyen de leurs taxes consulaires, la moitié de leur budget des Affaires étrangères. Si la France les imitait, même de loin, elle pourrait relever les traitements insuffisants de ses agents, créer de nouveaux postes consulaires, de nouveaux emplois d'attachés commerciaux, et fortifier les institutions et les œuvres qui, au dehors, répandent notre langue et notre influence. M. Deschanel a réussi à obtenir, pour l'exercice prochain, un million pour le relèvement de traitements indignes de la France; mais ce ne devrait être là, dans sa pensée, qu'un premier pas. Nous espérons, avec tous les agents de notre personnel diplomatique et consulaire, que ses conseils finiront par être écoutés.

J. AULNEAU.

# HORS DES FRONTIÈRES

## DISCOURS

PRONONCÉ A LA CHAMBRE DES DÉPUTÉS LE 11 DÉCEMBRE 1906

**BUDGET DES AFFAIRES ÉTRANGÈRES**

M. PAUL DESCHANEL, *rapporteur*. — Messieurs, je dois d'abord m'acquitter de la tâche que la commission du budget a bien voulu me confier et vous dire les observations essentielles que m'a suggérées l'examen du budget du ministère des Affaires étrangères.

Avant tout, je veux rendre à notre personnel diplomatique et consulaire la justice qu'il mérite. (*Très bien! très bien!*)

Notre représentation à l'étranger, surtout depuis l'institution du concours, n'a rien à envier aux autres peuples. On lui a adressé des critiques diverses. Parmi ces critiques, les unes n'ont plus guère, je crois, de raison d'être aujourd'hui; les autres s'expliquent par des vices d'organisation que je vais indiquer.

**Les réformes au Ministère des Affaires étrangères.**

Il y a, au ministère des Affaires étrangères, une grande œuvre réformatrice à accomplir.

En premier lieu, il s'agit de savoir si l'organisation du ministère, cette division des affaires en deux grandes directions, la direction politique et la direction commerciale, répond encore aux nécessités présentes.

Les affaires vont un peu arbitrairement à l'une ou à l'autre, et chacune d'elles ne les envisage pas toujours du même point de vue.

Aussi des personnes compétentes voudraientelles substituer à la division actuelle la répartition géographique. Déjà, on a créé un bureau de Tunisie, un bureau du Maroc; on a unifié les divers services de l'Amérique du Sud; on étudie en ce moment même la création d'un bureau de Chine. Faut-il généraliser ce système?

La répartition géographique paraît préférable pour les régions où les intérêts économiques sont intimement liés aux questions politiques; d'autant plus qu'il n'est guère logique de laisser ignorer aux agents de l'administration centrale une partie des affaires qu'ils auront à traiter lorsqu'ils iront à l'étranger. Mais il est d'autres pays où la politique dépend moins des rapports économiques; et il y a un grand nombre d'affaires dont le caractère de permanence et d'universalité, les affaires juridiques par exemple, ne sauraient se prêter à la répartition géographique. Je crois donc qu'il ne faut avancer dans cette voie que progressivement, avec prudence, au fur et à mesure des besoins constatés, et aussi des compétences reconnues : car la première condition, c'est de trouver l'homme qualifié pour concentrer entre ses mains toutes les affaires politiques et commerciales d'une région. En fait, c'est surtout de la compétence, de la fermeté et de la souplesse des hommes que dépend le succès de tel ou tel système. (*Très bien! très bien!*)

Mais la grande réforme, la première, la plus urgente, serait l'observation de la loi et des règlements. (*Très bien! très bien!*) Ils sont constamment violés.

Exemple :

Les règlements prescrivent un roulement entre les agents de l'administration centrale et ceux du dehors. Un agent ne doit être promu à la classe supérieure de son grade qu'après avoir passé un certain temps à l'étranger. En effet, quelque distingué que soit un agent, s'il s'attarde trop longtemps dans les bureaux du quai d'Orsay, il perd le contact avec l'étranger, il ne juge plus de même les choses du dehors; le travail de cabinet prolongé ne peut suppléer au maniement des hommes et au mouvement de la vie. Or, on ne tient aucun compte de cette règle.

Il y a, en réalité, deux carrières : celle de Paris et celle de l'extérieur. Certains agents font une grande partie de leur carrière ou même presque toute leur carrière à Paris, et c'est, en général, à ceux-là que vont toutes les faveurs. (*Applaudissements à gauche.*)

D'autres languissent, oubliés, dans les climats lointains et malsains.

Ces abus en entraînent d'autres.

L'administration centrale est encombrée. Sur cent soixante-neuf agents du service diplomatique, non compris les ambassadeurs, il y en a cinquante-neuf à Paris, et ils débordent sur les autres services. Le cabinet du ministre, qui, à l'origine, n'était qu'un organe de transmission et qui aurait dû le rester, s'est démesurément enflé.

M. Plissonnier. — Comme tous les autres !

M. le rapporteur. — Il s'ensuit que ce sont des agents de grade supérieur qui occupent même les plus modestes emplois et qui, au lieu de toucher le traitement auquel ils auraient normalement droit, touchent le traitement de la fonction qu'ils remplissent. Les traitements sont démembrés.

Ces pratiques ont pour effet, d'une part, d'introduire à l'administration centrale des agents amateurs, qui peuvent accepter des traitements réduits parce qu'ils ont de la fortune et qui parfois ne fournissent qu'un travail insuffisant et, d'autre part, d'éloigner des hommes de mérite qui, parce qu'ils ont moins d'aisance, ne peuvent accepter des emplois médiocrement rémunérés.

Le marchandage ne sévit pas seulement à Paris, il sévit partout. Les places sont données, en quelque sorte, aux enchères. Le fonctionnaire qui peut consentir le rabais le plus considérable en devient le bénéficiaire. C'est, à proprement parler, l'achat des offices. Chaque jour, on entend des phrases comme celle-ci : « Ils m'ont proposé Palerme pour 12,000 fr. — le traitement est de 15,000 — ou Cadix pour 8,000 — le traitement est de 9,500 » ; — de sorte que ce sont les plus pressés ou les plus riches qui obtiennent ainsi les meilleurs postes, à prix réduit. (*Applaudissements.*)

Et, à l'inverse, il arrive qu'on augmente arbitrairement le traitement de tel ou tel poste en faveur d'un agent bien en cour.

M. Paul Constans. — C'est le triomphe de l'aristocratie.

M. Meslier. — C'est le triomphe de l'argent.

M. Paul Constans. — C'est en effet plutôt le triomphe de la ploutocratie.

M. le rapporteur. — Pour établir un pareil régime, il a fallu, à une époque peu éloignée, que le cabinet du ministre absorbât à la fois le personnel, la comptabilité et le contrôle. Un ou deux hommes maniaient en même temps les agents et les fonds.

Aucun artifice de comptabilité ne dissimule ces errements. Chaque fonctionnaire ne donne acquit que pour la partie de son traitement dont il a bien voulu se contenter. Le reste de la somme ainsi disponible va alimenter d'autres chapitres, compléter certains traitements. Ainsi, on peut considérer comme un usage établi de payer le cabinet du ministre sur l'étranger, contrairement à la loi du 30 mars 1902. Et c'est un langage courant que celui-ci : « Ils m'ont complété mes 6,000 avec 500 sur Batavia, 1,500 sur Port-au-Prince et 700 sur Sofia. » (*Rires.*)

Le fonctionnaire qui a conclu avec le cabinet

une transaction définitive peut jusqu'à un certain point, avant de rejoindre son poste, posséder une indication à peu près certaine pour l'établissement de son budget. Cependant il est arrivé que, sur un traitement ainsi diminué, on opérait encore de nouvelles réductions d'office. Je pourrais en citer des exemples.

Même pour les grades les plus modestes, les garanties réglementaires relatives aux traitements ne sont pas observées. Ainsi, les jeunes élèves consuls et les attachés d'ambassade, après avoir passé le concours, ont droit à une indemnité de 1,500 francs; or, pendant deux ans, ils ne reçoivent rien. L'un d'eux, qui n'est plus en activité de service, et qui n'est pas loin d'ici, m'écrivait ce qui suit :

« Je n'ai jamais touché un centime de traitement. Bien plus, des allocations auxquelles j'avais incontestablement droit m'ont été rigoureusement refusées, comme le demi-traitement d'un de mes collègues que j'ai suppléé, et qui, bien entendu, s'est vu privé pendant ce temps de la moitié de son traitement que les règlements m'attribuaient et qui a disparu sans laisser de traces.

« J'étais alors à X... Un court passage au ministère avait suffi pour me convaincre qu'un agent nouvellement nommé ne pouvait sans insolence prétendre à l'observation des règlements en sa faveur. Mais mon chef en concevait quelque surprise; il crut devoir prendre auprès de l'administration la défense des intérêts de son subordonné. Est-il besoin de dire que sa tentative échoua ? »

Je cite ce fait parce qu'il n'est pas isolé. Ces surnumérariats ont aussi l'inconvénient grave de retarder le moment où les agents se créent des droits à la retraite.

Voilà un des vices les plus graves de cette maison : l'accès de la carrière est rendu très difficile aux hommes sans fortune. (*Très bien ! très bien !*)

On a critiqué parfois un état d'esprit un peu spécial de la carrière diplomatique; on s'est plaint qu'elle se recrutât dans un milieu social un peu fermé. Nous pourrions prendre à cet égard certaines garanties : par exemple, élargir le jury du concours, modifier la commission du stage. Mais le grand mal, la plaie, c'est cette sorte de prime à la richesse, qui donne à cette carrière — je n'exagère rien, les agents les plus expérimentés vous le diront tous — un tour anti-démocratique. Dans un État républicain, c'est là un contre-sens. (*Applaudissements à gauche et à l'extrême gauche.*)

Où sont les remèdes ?

D'abord, on admet trop de monde à l'entrée. On ne devrait admettre au concours que le nombre de candidats strictement suffisant pour remplir les places vacantes.

Ensuite, les cadres de la direction politique devraient être revisés : le décret de 1904 prévoit trop d'agents. Enfin — et c'est là-dessus que je me suis permis d'insister tout particulièrement auprès de M. le ministre des Affaires étrangères — il faudrait supprimer ou réduire les postes consulaires devenus inutiles ou excessifs et affecter les économies résultant de cette réforme, avant toute création de poste nouveau, au relèvement des traitements insuffisants. (*Très bien ! très bien !*)

Par suite des changements de l'histoire ou du mouvement économique, un grand nombre de postes consulaires n'ont plus de raison d'être; d'autres pourraient être réduits. (*Très bien! très bien!*) On hésite, parce qu'on préfère conserver ces postes pour les agents vieillis ou fatigués. Je veux bien qu'on garde un certain nombre de postes de relève parmi ceux qui ont diminué d'importance; mais la réforme est mûre, elle a été étudiée à maintes reprises, elle a fait l'objet de nombreux rapports.

C'est précisément pour être sûr que les économies résultant de cette réforme serviront à relever les traitements et surtout ceux du personnel des chancelleries, qui trop souvent sont indignes de la France, (*C'est vrai! Très bien!*) que j'ai proposé à la commission du budget de détacher les traitements des consuls du chapitre 5 et de les transporter au chapitre 6, avec ceux des chanceliers, interprètes, élèves vice-consuls et commis. Cela, sans toucher en rien, bien entendu, dans notre pensée, à l'unité des deux carrières. Au contraire, nous estimons que tel consul doit avoir une observation politique profonde et que tel diplomate doit avoir des connaissances économiques très étendues. (*Très bien! très bien!*) Nous estimons qu'on réserve trop peu de places de ministres plénipotentiaires aux consuls, et nous trouvons fort déplacé je ne sais quel ton de hauteur que les diplomates ont parfois affecté à l'égard de leurs collègues de la carrière consulaire. (*Vifs applaudissements.*)

Les consuls, pourtant, n'ont pas fait si mauvaise figure dans la diplomatie, témoins MM. Rothan avant la guerre de 1870, et Harmand, notre ministre à Tokio, avant la guerre russo-japonaise. Si leurs avertissements avaient été écoutés, les choses eussent pris un autre cours!

Les économies résultant de la revision des postes consulaires devront servir aussi, dans notre pensée, à un autre objet : à la création de quelques nouveaux postes d'attachés commerciaux ou de consuls sans résidence. (*Très bien! très bien!*)

Le commerce, et cela n'est pas particulier à notre pays, se plaint volontiers des consuls...

M. MESLIER. — Il a raison!

M. LE RAPPORTEUR. — ...peut-être parce qu'il

demande aux consuls ce que ceux-ci ne peuvent pas faire. Les consuls ne sont pas des placiers.

M. Meslier. — Ceux de l'Angleterre le sont.

M. Aynard. — Nos consuls se sont beaucoup améliorés.

M. le rapporteur. — C'est vrai, et ils nous donnent quelquefois des rapports très remarquables qui, malheureusement, sont lus davantage à l'étranger qu'en France... (*Applaudissements.*)

M. Jules Razimbaud. — C'est parce qu'ils ne sont pas mis à la portée de tous les lecteurs.

M. le rapporteur. — ... De sorte que nous fournissons des armes pour nous battre. (*C'est vrai! Très bien!*)

Mais ce que les consuls ne peuvent pas faire, c'est-à-dire mettre le commerce français en rapport avec le commerce étranger, c'est justement ce que font les attachés commerciaux. (*Très bien! très bien!*)

Vous savez quels services nous a rendus notre attaché commercial à Londres, M. Jean Périer, qui parcourt tantôt l'Angleterre et tantôt la France, éveille, de l'un et de l'autre côté du détroit, les initiatives, provoque les relations, met en contact les consuls, les Chambres de commerce et les négociants des deux pays.

On vient de créer un attaché commercial aux États-Unis. Peut-être, par parenthèse, serait-il mieux placé à New-York qu'à Washington.

M. STÉPHEN PICHON, *ministre des Affaires étrangères.* — Il y sera.

M. LE RAPPORTEUR. — Je vous remercie, monsieur le ministre, car il ne faudrait pas que les attachés commerciaux devinssent des agents subalternes de nos ambassades. (*Très bien! très bien!*)

On pourra en créer d'autres, à mesure qu'on trouvera les hommes capables de remplir ces emplois.

Il ne faut pas seulement reviser les postes, il faut aussi reviser les traitements des postes, qui sont — j'en ai donné de nombreux exemples — arbitrairement répartis.

Et, puisque je suis sur le chapitre des consulats, voici encore d'autres réformes nécessaires :

On entre dans la carrière consulaire de deux façons. Les uns y entrent par le concours, qui est le même pour les diplomates et pour les consuls; les autres, beaucoup plus nombreux, beaucoup trop nombreux, entrent sans nulle autre condition qu'un baccalauréat ou un diplôme équivalent. C'est là un mode de recrutement bien imparfait : ces jeunes gens ne devraient-ils pas passer un examen spécial, soit à l'entrée, soit au bout de quelque temps, et posséder avec une langue vivante, certaines notions économiques et juridiques? (*Très bien! très bien!*)

Le décret du 3 novembre réserve la moitié des places de vice-consuls aux élèves diplômés des écoles commerciales; c'est un acheminement à la solution que je préconise.

Trop souvent les consuls, lorsqu'une fois ils ont acquis la connaissance de la langue et des mœurs d'un pays, sont envoyés dans une autre région où ils ont tout à apprendre; aussi a-t-on demandé depuis longtemps la répartition de nos postes consulaires en un certain nombre de zones de même civilisation et de même langue.

Rien de plus différent, en effet, non seulement au point de vue de la langue et des mœurs, mais des attributions même, qu'un consul du Levant, un consul d'Amérique ou un consul d'Extrême-Orient. (*C'est vrai! Très bien!*) Il faudrait que ces zones fusssent assez vastes pour ne pas immobiliser les agents en des climats malsains et pour leur laisser des chances d'avancement équivalentes. La règle ici ne saurait être absolue; mais au moins l'agent devrait-il toujours connaître la langue du pays où il est envoyé. (*Très bien! très bien!*)

Il y a, pour les deux carrières diplomatique et consulaire, un autre vice capital : je veux parler de l'absence de toutes garanties en ce qui concerne l'avancement.

L'avancement est livré à l'arbitraire le plus absolu. Il faudrait, ou bien rendre à chaque directeur les propositions, comme il y a une quinzaine d'années, ou bien placer à la tête du personnel un fonctionnaire d'un grade élevé, capable de le défendre contre les exigences et les appétits du dehors. (*Très bien! très bien!*)

M. LE MINISTRE DES AFFAIRES ÉTRANGÈRES. — Voulez-vous me permettre un mot, monsieur le rapporteur?

M. LE RAPPORTEUR. — Très volontiers.

M. LE MINISTRE DES AFFAIRES ÉTRANGÈRES. — Les directeurs sont toujours consultés; c'est une erreur de croire le contraire.

M. LE RAPPORTEUR. — Je suis heureux d'apprendre que, actuellement, il en est ainsi. Je ne voudrais pas remonter trop haut; (*Sourires.*) il est certain qu'à certaines époques les directeurs n'étaient pas toujours consultés.

En tous cas, les testaments ministériels détruisent la carrière et les meilleurs agents la quittent, découragés.

Vous, monsieur le ministre, qui avez passé si brillamment par la carrière diplomatique, vous avez dû souffrir, comme j'en souffre moi-même depuis que j'étudie ces questions et que j'ai l'honneur d'être en rapports plus directs avec ce personnel si distingué, des passe-droits exorbitants et des faveurs scandaleuses dont il a été victime. On a introduit depuis quelques années beaucoup trop de personnes étrangères. (*Applaudissements au centre et sur divers bancs.*)

On comprend qu'on nomme ambassadeur un homme politique éminent. (*Nouveaux applaudissements. — Mouvements divers.*)

*Une voix.* — Vous !

M. LE RAPPORTEUR. — Non ! mes chers collègues, je suis trop bien ici au milieu de vous, je ne veux pas m'en aller. (*Vifs applaudissements sur un grand nombre de bancs.*) On comprend qu'on réserve un certain nombre de postes de ministres plénipotentiaires; mais les consulats généraux ou les consulats ! A qui fera-t-on croire qu'on ne puisse trouver dans ce personnel si méritant aucun homme capable de les occuper? (*Très bien ! très bien !*)

Qu'on donne à un explorateur un consulat pour continuer avec un pays les relations qu'il a nouées, soit ! Mais je vous demande ce que doivent penser, ce que doivent avoir dans le cœur des hommes qui ont vieilli loin de la France, qui ont usé leur vie, leur santé, leur fortune en exil, et qui, au moment où ils pourraient compter sur ces postes qui sont le couronnement légitime d'une noble carrière administrative, les voient enlever tout à coup pour payer des services de presse ou je ne sais quels trafics électoraux ! (*Vifs applaudissements sur de nombreux bancs.*)

De tels passe-droits sont profondément démoralisants, surtout si l'on songe que chacune de ces nominations cause un retard de six mois à un an dans l'avancement du personnel et le retarde également pour la retraite, et si l'on réfléchit qu'aucun de ces agents pris au dehors, s'il avait été reçu au concours à la limite d'âge inférieure, n'aurait obtenu aussi jeune le grade de consul général.

Il faudrait donner à la carrière un statut, il faudrait réunir et codifier tous les règlements épars, tous les décrets surannés et inapplicables, et donner à l'avancement une règle, par la loi.

Il faudrait en finir aussi une fois pour toutes avec ce système de nominations occultes, qui a régné trop longtemps au quai d'Orsay.

Pendant huit ans, pas une nomination, pas une promotion, pas un mouvement n'a paru au *Journal officiel*. Les décrets organiques mêmes du corps diplomatique n'y paraissaient point. Il n'y avait d'autre moyen de contrôle que l'*Annuaire*. Or, l'*Annuaire*, au lieu de paraître tous les ans, ne paraît plus que tous les deux ans. Il est, d'ailleurs, mal fait; il contient des choses inutiles et n'en contient pas d'autres indispensables; il fourmille d'erreurs, notamment en ce qui concerne les traitements et les indemnités. Contrairement à l'usage, les décrets de nomination devraient être datés avant d'être présentés à la signature du Président de la République. (*Très bien! très bien!*)

J'aurais bien d'autres lacunes à signaler. Il n'y a pas, au ministère des Affaires étrangères, de conseiller financier technique.

J'ai signalé toutes sortes d'abus, par exemple au sujet de l'interprétariat, en Orient, en Perse, en Chine, au Japon. Au Japon, l'interprétariat n'existe plus. On nous dit qu'il suffit de savoir l'anglais. Eh bien, jamais les Anglais n'ont plus appris le japonais que depuis que les Japonais savent l'anglais. (*Très bien! très bien! — On rit.*)

Je voudrais vous parler aussi de l'œuvre excellente commencée par la commission de comptabilité que M. Léon Bourgeois avait instituée au mois de mai dernier et qui, je l'espère bien, va se poursuivre. Cette commission a accompli déjà plus d'une réforme utile; elle a supprimé les primes d'ancienneté de séjour, qui ne répondaient plus à l'objet qu'on avait eu en vue en les instituant; elle les a transférées aux frais de voyage, afin de permettre aux agents les plus modestes et les plus éloignés, en des pays malsains, de revenir en France tous les trois ans avec leur voyage et celui de leur famille payé. Elle a refondu les tarifs des frais d'établissement et d'installation, excessivement onéreux pour les plus modestes agents. Elle a amélioré la situation du petit personnel et du personnel de service au ministère, depuis l'expéditionnaire jusqu'à l'homme de peine. Et, par parenthèse, je demande qu'on fasse disparaître des budgets de la République ce mot affreux d' « homme de peine ». (*Très bien !*) Pourquoi pas : « homme de souffrance » ? On me dit que c'est le terme administratif, c'est possible ! mais c'est un terme barbare, anti-démocratique ; pourquoi ne pas les appeler « auxiliaires » ou « hommes d'équipe » ? (*Très bien ! très bien ! à gauche et sur divers bancs.*)

Il y aurait lieu également de modifier la répartition des frais de congé, de réorganiser, soit au point de vue du personnel, soit au point de vue du matériel, la division des archives. Sur tous ces points, je vous demande la permission de vous renvoyer aux observations de mon rapport.

### Crète. — Macédoine. — Maroc.
### Les puissances à Algésiras.

Je voudrais maintenant dire quelques mots de certaines questions politiques qui préoccupent l'opinion, — Crète, Macédoine, Maroc.

Un certain nombre de nos collègues auraient souhaité dès longtemps que la France intervînt activement pour faciliter l'union de la Crète à la Grèce.

Tous les hommes qui vivent de la vie de la pensée n'ont pas cessé de chérir la Grèce d'une tendresse filiale; elle est restée pour eux le miracle unique. Ses imprudences, ses témérités mêmes n'ont pu affaiblir dans leur âme le culte d'un passé dont nous vivons encore.

Cependant la diplomatie républicaine n'a pas cru pouvoir donner libre cours aux ambitions helléniques, de peur d'en allumer d'autres. Elle a eu le souci, et nous ne saurions l'en blâmer, de maintenir cet équilibre balkanique dont la rupture aurait pu troubler la paix et d'entretenir de bons rapports avec ces jeunes nationalités des Balkans qui ont toujours rempli scrupuleusement leurs engagements envers nous. Enfin, elle n'est pas seule juge de la solution à intervenir et elle doit tenir compte du sentiment des autres puissances.

Aussi s'est-elle attachée à maintenir l'accord entre les quatre puissances auxquelles a été confié le sort de la Crète et à faire aboutir, grâce à cet accord, les réformes sans lesquelles les aspirations du peuple crétois ne sauraient se réaliser.

Le roi de Grèce, en nommant haut commissaire, après le départ du prince Georges, M. Zaïmis, a fait le meilleur des choix. Vous connaissez les services, l'autorité, l'esprit judicieux et pondéré de cet homme d'État. Nous devons espérer que, sous sa direction, l'île, si longtemps agitée, entrera dans la voie de l'ordre et du progrès pacifique, (*Très bien! très bien!*) et nous devons tendre à réaliser avec lui et par lui les réformes visées dans la note collective du mois de juillet.

En Macédoine, vous vous rappelez comment la commission financière instituée après la démonstration de Lemnos a été amenée à demander des ressources extraordinaires et comment la Porte a proposé de porter ses droits de douane de 8 à 11 p. 100 *ad valorem.*

La France, comme l'Autriche et la Russie, a exigé des garanties sérieuses pour l'affectation réelle du produit de la surtaxe douanière aux besoins de la Macédoine; l'accord vous sera soumis.

Lorsque la réforme militaire et la réforme financière seront réglées, il y aura lieu d'aborder les autres questions inscrites au programme de Mürzsteg, et notamment la réforme judiciaire. Nous ne devons cesser de fortifier le régime international, le contrôle européen, afin de mettre un peu d'ordre dans cette mêlée confuse de races, et d'empêcher une conflagration qui pourrait s'étendre de proche en proche.

Nous ne devons à aucun prix retomber dans les horreurs et les hontes de l'Arménie. (*Très bien! très bien!*)

Au Maroc, après comme avant la conférence

d'Algésiras, notre politique est déterminée par la nature même des choses, par notre situation de puissance voisine, par la prédominance de nos intérêts économiques dans l'empire chérifien, par les conventions particulières que la France a signées avec le makhzen pour le règlement des affaires communes aux deux pays.

L'acte d'Algésiras y a ajouté les attributions et les droits qu'il nous a donnés dans l'organisation de la police et de la banque ; nous pouvons donc collaborer sincèrement à l'œuvre des réformes, tout en poursuivant le développement de nos intérêts propres. La conclusion du débat de jeudi me paraît être que, si la France est résolue à exercer tous les droits que lui confère l'acte d'Algésiras, elle est bien résolue aussi à ne se point laisser entraîner au delà des limites que nous nous sommes fixées, (*Applaudissements*) car le souci de notre politique générale doit dominer toutes les considérations particulières.

Messieurs, la conférence d'Algésiras a fait apparaître nettement la situation respective des puissances.

La Russie nous y a fidèlement soutenus. Nous avons été heureux d'entendre M. le ministre des Affaires étrangères affirmer la continuité de la politique française, la permanence de notre alliance et de nos amitiés. Souhaitons que le traité d'alliance, après la longue déviation asiatique qui en avait modifié la nature et qui avait éloigné nos alliés du théâtre de nos intérêts, reprenne la forme discrète et sobre que lui avaient donnée ses auteurs : instrument européen de préservation et de paix, offrant aux deux nations des avantages égaux. (*Très bien ! très bien !*)

L'Angleterre, en se rapprochant de la France — et il n'a pas dépendu d'elle que le rapprochement se fît beaucoup plus tôt et à de bien meilleures conditions pour nous; on l'a contesté, mais l'histoire l'établira, — l'Angleterre, en venant à nous, n'a fait qu'obéir aux principes invariables de sa politique traditionnelle, politique de raison et de prévoyance, puisqu'elle a pour effet de garantir, par la balance des forces, la liberté de l'Europe.

Nous avions perdu beaucoup de temps de ce côté, et l'on peut dire que la longue rivalité d'un quart de siècle entre la France et l'Angleterre, après les événements de 1870, a été un des grands contre-sens de l'histoire. Mais, dans la politique comme dans la nature, il est des forces qui agissent d'une façon en quelque sorte mécanique, plus puissantes que la volonté des hommes et que les passions populaires. Il n'était pas de combinaison politique plus impérieusement commandée par l'intérêt des deux peuples et par celui de la civilisation générale, que ce concert entre les deux grandes nations qui ont le plus contribué à l'affranchissement de la pensée et de la personne humaines. (*Applaudissements au centre et à gauche.*)

Désormais, l'entente cordiale est, comme l'alliance russe, un des pivots inébranlables de notre politique extérieure. Et il n'est pas de tâche plus urgente pour notre diplomatie, que de s'appliquer à faire disparaître les points de désaccord, les occasions de conflit, et à multiplier les points de contact et les occasions d'entente entre notre alliée, la Russie, et notre amie, l'Angleterre. (*Très bien! très bien!*)

L'Italie, liée à l'Angleterre par ses accords

méditerranéens, liée à la France par ses conventions relatives à la Tripolitaine et au Maroc, l'Italie, si elle fait encore partie de la Triple Alliance, n'en fait plus partie de la même manière. Là aussi, la logique des choses, aidée par la sagesse des gouvernements, a mis fin à une rivalité qui n'était qu'un désastreux paradoxe historique; et la nouvelle politique italienne a trouvé son expression à Algésiras dans l'attitude du marquis Visconti Venosta, dont la profonde expérience diplomatique a si puissamment et si habilement servi la cause du rapprochement. (*Très bien! très bien!*)

L'Autriche, liée à la Russie par l'accord de 1897 dans les Balkans, a toujours joué dans la Triple Alliance un rôle modérateur. Elle a exercé une action analogue à Algésiras. L'empereur François-Joseph et le comte Goluchowsky, en servant spontanément de médiateurs entre la France et l'Allemagne, en contenant leur allié et en lui rappelant les propos de M. de Bülow sur nos « légitimes désirs », en suggérant des solutions et en facilitant l'entente, ont fait preuve de dispositions amicales envers la France et noblement servi la cause de l'ordre européen. (*Très bien! très bien!*)

Nous en pouvons dire autant des États-Unis, auxquels nous lient de si chers et de si glorieux souvenirs, et de leur illustre président, M. Roosevelt, toujours empressé à défendre les grandes causes pacifiques. (*Applaudissements sur un grand nombre de bancs.*)

Il n'y a rien à ajouter aux paroles émouvantes que prononçait l'autre jour M. le ministre des Affaires étrangères à l'adresse de l'Espagne et que la Chambre entière a applaudies.

Enfin, en Allemagne, M. de Bülow, en rappelant, dans son dernier discours au Reichstag, ses entretiens avec Gambetta, a rendu au patriotisme français l'hommage qu'il mérite. Mais, en ajoutant que le patriotisme allemand gagnerait à s'inspirer du nôtre, il s'est montré trop modeste pour son pays. C'est l'honneur, c'est la grandeur de l'Allemagne, d'être toujours restée fidèle aux grands souvenirs de son histoire, aux souvenirs de ses revers comme à ceux de ses triomphes. Si nous oubliions les nôtres, elle aurait le droit de nous mépriser. Oui, il est des questions réservées entre l'Allemagne et nous. Si elles ne l'étaient pas, nous serions indignes de l'hommage que le chancelier de l'Empire vient de nous rendre. (*Applaudissements. — Interruptions à l'extrême gauche.*)

Mais, avons-nous attendu ce jour pour déclarer qu'une politique de silence affecté et de bouderie serait à la fois puérile et funeste? Et la diplomatie française avait-elle attendu les événements de ces dernières années, avait-elle attendu même la disparition de M. de Bismarck pour traiter loyalement avec Berlin les affaires qui surgissent dans le monde et qui peuvent intéresser les deux peuples?

S'il est vrai, comme l'a déclaré M. de Bülow, que l'Allemagne ne cherche plus aujourd'hui, comme au temps de Frédéric et de Bismarck, à séparer la France de l'Angleterre, nous ne cherchons pas, nous, à isoler l'Allemagne; mais nous savons ce que coûte l'isolement, nous l'avons appris à nos dépens il y a trente-six ans, et il est assez naturel que nous nous trouvions bien d'une situation qui nous assure une alliance, des amitiés, des sympathies et que nous nous efforcions de la maintenir et de la consolider. (*Applaudissements.*)

La France ne menace personne. Sa politique est tournée tout entière vers les œuvres de paix. Nous sommes sortis enfin de la période de tâtonnements et d'incertitudes; j'espère que nous sommes sortis aussi de la période des aventures.

Une grande tâche s'offre à notre diplomatie. On a besoin de la France dans le monde. Elle a le droit d'exiger, en échange de ce qu'elle peut offrir, des avantages équivalents.

Nous pouvons donc regarder l'avenir avec confiance. Et cette confiance, nous la devons d'abord à ce peuple admirable, laborieux, économe, qui donne sans compter ses inépuisables ressources, qui n'a qu'un défaut, c'est parfois de se dénigrer et de trop douter de lui-même, mais qui, dans tous les ordres de l'activité humaine, sciences, arts, littérature, politique, ici même, enfante sans relâche des forces nouvelles, telles qu'aucun peuple au monde ne les saurait égaler! (*Vifs applaudissements sur un grand nombre de bancs. — L'orateur, de retour à son banc, reçoit les félicitations d'un grand nombre de ses collègues.*)

# DISCOURS

PRONONCÉ A LA CHAMBRE DES DÉPUTÉS LE 12 NOVEMBRE 1907

## INTERPELLATION SUR LES AFFAIRES MAROCAINES

M. Paul Deschanel. — Messieurs, vous estimerez sans doute que, pour apprécier les faits qui se sont produits depuis quelques mois, nous n'avons pas à revenir sur le passé, et qu'il faut nous placer en face de la situation qui nous avait été faite par les résolutions antérieures du Parlement.

### Les événements du Maroc.

Le 20 mars dernier, M. le ministre des Affaires étrangères, s'expliquant sur l'assassinat du docteur Mauchamp à Marrakech, disait, aux applaudissements de la Chambre :

« Nous n'aurions plus qu'à renoncer à notre situation au Maroc, à la sécurité et à la tranquillité de l'Algérie, et à prier nos compatriotes de quitter l'empire chérifien, si nous reconnaissions nous-mêmes notre impuissance à protéger efficacement leur vie. »

Le 5 juillet, M. le ministre annonçait à la Chambre que le gouvernement chérifien s'était décidé à nous donner pleine satisfaction pour toutes nos réclamations formulées au lendemain du meurtre du docteur Mauchamp. Mais ces promesses restaient lettre morte et n'étaient suivies d'aucun commencement réel d'exécution, comme, précédemment, à la suite de l'assassinat de M. Charbonnier.

Le 30 juillet, neuf Européens, dont trois Français, des Espagnols et des Italiens, employés aux travaux du port de Casablanca, étaient massacrés. Massacre sans excuse, car les victimes n'avaient porté atteinte en aucune manière ni aux mœurs, ni aux croyances des indigènes, et les travaux avaient été approuvés par le makhzen.

Notre croiseur *Galilée* est mandé de Tanger. Le commandant de ce navire se met d'accord avec l'oncle du sultan, Moulay el Amin et avec le gouverneur de Casablanca : il est convenu entre eux qu'une compagnie de débarquement ira occuper le consulat de France, où s'étaient réfugiés un certain nombre d'Européens, et que la porte de la douane lui sera ouverte. 75 marins débarquent, en effet, à l'heure dite, le 5 août, armes non chargées : ils sont reçus à coups de fusil. Six d'entre eux, dont l'enseigne de vaisseau Ballande, sont blessés. A travers une grêle de balles, ils parviennent, avec un courage admirable, au consulat. Les tribus pillardes des environs envahissent la ville. Le pillage dure deux jours. On pille, non seulement les Européens et les juifs, mais les musulmans eux-mêmes, et, en violation du Coran, un certain nombre d'entre eux sont réduits en esclavage et vendus.

Pendant ces journées, le commandant Mangin, chargé de la défense de la ville, avait auprès de lui le khalifat du sultan ; et Moulay el Amin, ne voulant pas laisser tomber aux mains des pillards ses armes et ses munitions, proposa au commandant Mangin d'en prendre possession. Nous agissions donc d'accord avec les autorités régulières du pays.

L'opinion, dans le monde entier, fut unanime à reconnaître que de tels attentats exigeaient une répression immédiate. Le gouvernement notifia aux puissances signataires de l'acte d'Algésiras son intention de débarquer des troupes et, en même temps, il précisa les limites de l'action française : il s'agissait de venger nos nationaux et de rétablir l'ordre à Casablanca et dans la banlieue de cette ville, rien de plus.

Aux termes de l'acte d'Algésiras, nous avions reçu, conjointement avec l'Espagne, la mission d'aider le sultan à organiser une police dans les huit ports ouverts au commerce, en mettant à sa disposition un certain nombre d'officiers et de sous-officiers instructeurs.

Le 25 août, les agents de la France et de l'Espagne à Tanger écrivent au ministre de la Guerre marocain, Si Mohammed el Guebbas, pour lui demander si, au cas où ces instructeurs seraient envoyés dans les ports, le gouvernement chérifien pourrait répondre de leur vie. On a rappelé tout à l'heure la réponse négative d'El Guebbas. Ses déclarations déterminèrent les gouvernements français et espagnol à mettre les puissances en face de cette situation nouvelle.

La conclusion qui se dégageait de cette situation était que la France et l'Espagne se trouvaient dans la nécessité, pour empêcher de nouveaux malheurs, d'employer provisoirement leurs propres moyens dans les ports où cette mesure serait reconnue nécessaire.

Les puissances acquiescèrent ; et comment eussent-elles fait autrement, puisque nous défendions leurs intérêts, leurs nationaux, leur dignité, en même temps que les nôtres ? (*Très bien! très bien !*)

Sans doute, ce n'était pas la procédure prévue par l'acte d'Algésiras ; mais cet acte n'avait pas prévu non plus les pillages et les massacres. Il fixait à quatre cents hommes le corps de police qui devait être créé à Casablanca : or, il y avait dix à douze mille insurgés.

Nous restions fidèles à l'entente internationale, puisque nous agissions avec l'assentiment des signataires, et que, en nous efforçant de protéger la sécurité des personnes et la liberté des transactions, nous accomplissions un acte de solidarité européenne. (*Applaudissements.*)

On s'est étonné, en certains milieux, que, après la communication du 2 septembre aux Cabinets étrangers et la réponse de ceux-ci, le gouvernement n'ait pas envoyé des forces dans les autres ports, et l'on a attribué cette abstention à l'attitude de telle ou telle puissance.

Messieurs, il n'en est rien. Si la France et l'Espagne n'ont pas débarqué ailleurs, c'est apparemment qu'elles ont reçu de leurs agents l'assurance que cette mesure n'était point nécessaire.

Et nous pourrions encore espérer n'avoir pas besoin de recourir à cet expédient, si le sultan venait assez promptement à bout de son compétiteur; car c'est lui, alors, dont l'autorité restaurée pourrait, avec notre appui, assurer l'ordre.

En tout cas, je pense que toutes les précautions sont prises pour protéger nos nationaux en cas de péril; nous attendons là-dessus les explications du gouvernement.

D'autre part, on a critiqué certaines opérations que le général Drude et les troupes placées sous ses ordres ont conduites avec cette bravoure où la France a été heureuse de retrouver les vertus héréditaires de notre race. (*Applaudissements à gauche, au centre et à droite.*)

Je ne suis pas compétent pour apprécier ces choses. Ce qui saute aux yeux, c'est que le nombre d'hommes dont dispose cet officier général — empruntés exclusivement à nos contingents africains — montre qu'il s'agissait, non d'attaquer, mais de repousser des agressions. (*Très bien ! très bien !*)

Si nous avions envoyé une force moindre et s'il y avait eu quelque surprise, on aurait, avec raison, accusé le gouvernement et le commandement militaire d'imprévoyance. Si, au contraire, nous avions envoyé des forces plus considérables et si ces forces, abandonnant la côte, perdant le contact avec la mer, s'étaient laissé entraîner à pénétrer dans l'intérieur, on les aurait accusées de témérité.

Quoi qu'il en soit, il résulte des documents publiés au Livre jaune, que, dans la pensée du gouvernement, c'est là un régime transitoire, où, sous la protection de nos troupes, doit se préparer le plus tôt possible une nouvelle organisation de police, efficacement contrôlée, afin de garantir la sécurité du lendemain.

M. Georges Clemenceau, *président du Conseil, ministre de l'Intérieur.* — Très bien !

M. Paul Deschanel. — Le sultan est venu à Rabat. Il a exprimé le désir de voir notre représentant. Il faut espérer que les événements l'ont éclairé, et qu'il voit maintenant où est son véritable intérêt, son intérêt durable.

Il a affaire à un homme, M. Regnault, qui, autant par la pondération et la fermeté de son esprit que par sa connaissance approfondie des hommes et des choses du pays, peut lui donner des conseils aussi profitables au Maroc qu'à la France.

La présence, aux côtés de notre ministre, de M. le général Lyautey et de M. l'amiral Philibert, a montré l'unité de vues qui n'a cessé de régner entre notre légation et le gouvernement général de l'Algérie, entre nos troupes d'Afrique et notre marine; et je crois répondre au sentiment de la Chambre en constatant la bonne méthode, la promptitude d'exécution, l'appui dévoué et éclairé que se sont prêté mutuellement nos divers services. (*Applaudissements.*)

La première œuvre à accomplir, d'accord entre nos représentants et les autorités marocaines, c'est la police de la région frontière, telle qu'elle a été prévue aux accords de 1901 et de 1902, c'est-à-dire une police marocaine, instruite par des cadres algériens. Dès que cet organisme sera constitué, nous pourrons pacifier progressivement les provinces limitrophes de l'Algérie. Sous la direction de la commission de frontière franco-marocaine, également prévue aux accords, cette force sera l'instrument le plus efficace dont nous puissions disposer pour protéger le territoire algérien contre des attaques et des violations fréquentes, pour favoriser l'établissement de relations commerciales entre les deux territoires et le développement économique de cette partie de l'empire marocain.

D'autre part, la surveillance et la répression de la contrebande des armes ne sont pas moins urgentes. La contrebande s'exerce au grand jour, avec la connivence des fonctionnaires de la douane marocaine. Comme, depuis plusieurs années, les tribus n'obéissaient plus guère au sultan et ne lui payaient plus d'impôt, elles pouvaient affecter le produit de leurs récoltes au perfectionnement de leur armement.

Avant les derniers troubles, le service français de la dette avait obtenu du sultan le droit d'exercer un contrôle effectif sur les opérations douanières; mais l'état de guerre où se trouve une partie du Maroc a retardé le fonctionnement de ce nouveau régime et amené une recrudescence de la contrebande. En présence de ces faits, le gouvernement a pris l'initiative d'une entente internationale; la France et l'Espagne se sont mises d'accord pour exercer la surveillance et la répression nécessaires.

Voilà où nous en sommes.

Et maintenant, que s'est-il passé à Rabat? Dans les pourparlers entre le sultan, le makhzen et nos représentants, qu'avez-vous décidé? Jusqu'où êtes-vous allés? Jusqu'où voulez-vous aller?

Vous avez demandé un délai à la Chambre, elle vous l'a très volontiers accordé; mais elle va maintenant prendre ses responsabilités pour l'avenir. Elle a le droit et le devoir de vous demander des explications précises. Qu'avez-vous fait? Que comptez-vous faire?

### Ni conquête, ni internationalisation.

D'abord, il est une politique que nous devons écarter à tout prix: c'est la conquête. (*Très bien! très bien! à gauche.*) D'ailleurs, un gouvernement, voulût-il conquérir le Maroc, ne le pourrait pas dans l'état actuel des conventions internationales. Une guerre ferait exécrer le nom français dans le monde musulman (*Mouvements divers.*) et risquerait d'amoindrir notre puissance défensive en Europe. (*Très bien! très bien!*)

Nous devons être avares de notre sang et de nos forces; nous devons rester maîtres de notre action. Notre politique coloniale doit rester subordonnée à notre politique générale. Surtout, nous ne saurions permettre que la politique française soit dominée et entraînée par des intérêts autres que l'intérêt purement national. (*Applaudissements.*)

Il est une autre politique qui a été conseillée par de très éminents esprits, qui a été défendue tout à l'heure, d'un côté par M. de Castellane, de l'autre par M. Vaillant : c'est l'internationalisation.

On semble croire que les gouvernements n'attendent que notre invitation pour intervenir. Mais pourquoi interviendraient-ils ? L'Italie d'abord, l'Angleterre ensuite, ont signé des protocoles de désintéressement; et quel ne serait pas l'étonnement de la Belgique, de la Hollande, de la Suède, du Portugal, également signataires de l'acte d'Algésiras, si on leur demandait de débarquer ne fût-ce qu'un soldat sur les côtes marocaines ?

L'Europe s'est prononcée, elle a statué à la conférence. Ce n'est pas seulement la France qui, à Algésiras, a soutenu qu'une organisation collective européenne aux portes de l'Algérie pourrait devenir pour elle un danger et ne ferait qu'ajouter de nouveaux éléments de trouble à ceux qui existent déjà, c'est l'Angleterre, c'est l'Espagne, c'est la Russie.

« Si vous n'internationalisez pas la police, nous dit-on, vous risquez de vous brouiller avec Madrid ». Mais n'est-ce pas M. Moret qui déclarait à M. Jules Cambon que jamais un gouvernement espagnol ne pourrait accepter l'internationalisation, « sous peine d'être lapidé » ?

N'est-ce pas M. Perez Caballero qui repoussait l'action internationale, « parce qu'elle n'assurerait ni la cohésion, ni l'unité de direction indispensables » ? Et le ministre russe à Tanger, M. Bacheracht, rappelait que les officiers étrangers engagés depuis vingt ans au service du sultan n'avaient pu, malgré leur mérite, former une troupe cohérente et disciplinée : « Comment des instructeurs agissant au nom d'un mandat collectif, ne connaissant ni la langue, ni les coutumes du pays, réussiraient-ils là où d'autres, mieux placés, avaient échoué » ?

« Dans le cas spécial qui nous occupe, disait-il, avec une organisation faite d'éléments internationaux multiples et variés, qui interviendrait, qui insisterait sur l'exécution des engagements, qui enfin — point essentiel — surveillerait le fonctionnement régulier du recrutement, les châtiments en cas d'insubordination ou de désertion?

« Veut-on s'assurer que l'Europe collective n'inspire aux Marocains ni crainte, ni respect? Il suffit de considérer le conseil sanitaire de Tanger, image permanente de son impuissance, en conflit perpétuel — et inégal — avec le gouvernement chérifien. L'Europe réunie en conseil ne réussit même pas à obtenir le balayage du marché, dont l'état de saleté repoussante est le signe quotidien de l'impuissance du conseil sanitaire, impuissance émanant de son vice originel : la collectivité. Et l'on voudrait confier à un tel régime, fondé sur les mêmes principes, l'exécution de réformes bien autrement importantes et difficiles!...

« Une expérience de huit années me met en mesure d'affirmer que l'internationalisation de la police au Maroc ne donnerait jamais de résultats pratiques appréciables. Il se peut que le makhzen ait des préférences pour une solution semblable, mais c'est uniquement parce qu'une longue expérience lui a appris à connaître les hésitations et la faiblesse des efforts collectifs des puissances.

« Doit-on renouveler une telle expérience, alors qu'il s'agit de la vie même des étrangers? »

Voilà ce que disait à Algésiras un des représentants de la Russie.

Sir Arthur Nicholson faisait des déclarations analogues au nom de la Grande-Bretagne, et M. de Martens Ferrão au nom du Portugal.

Ainsi, il a paru aux représentants des puissances qu'une organisation internationale aggraverait à la fois l'anarchie marocaine et les rivalités européennes. (*Très bien! très bien!*)

On a fait grand bruit — tout à l'heure encore on y faisait allusion — de certaines divergences de vues qui se seraient produites, paraît-il, sur des points d'exécution entre le commandant des troupes françaises et le commandant des troupes espagnoles.

Messieurs, la solidarité d'intérêts qui unit la France et l'Espagne, solidarité attestée par les accords successifs conclus entre les deux peuples depuis plusieurs années, ne saurait être atteinte par quelque incident local.

Ces accords portent sur des questions vitales, sur le fond des choses ; ils créent des liens qui ne sont pas seulement temporaires. Or, la condition même de cette entente permanente et profonde, c'est que l'une et l'autre nation puissent, dans leur indépendance réciproque et avec le légitime souci de leurs responsabilités, discuter librement la part d'action qui doit être commune. C'est ce qu'a fait observer excellemment M. le marquis del Muni, ambassadeur d'Espagne à Paris.

L'amitié sincère de la France répond à la noblesse d'âme de cette nation héroïque et chevaleresque et à la fermeté loyale de ce jeune roi qui a laissé ici d'ineffaçables souvenirs et qui a conquis tous les cœurs.

Or, si entre deux peuples amis, aussi manifestement liés par une telle concordance d'intérêts et de sentiments, il peut arriver que des différences d'interprétation sur des questions d'exécution se produisent entre leurs agents, que serait-ce si toutes les puissances étaient chargées d'intervenir et si les oppositions d'intérêts qui se sont fait jour à la conférence se retrouvaient aux prises dans le pays même, sur le terrain même?

M. Vaillant a rappelé l'intervention collective des puissances en Chine, il y a quelques années. Mais la crise chinoise était passagère, accidentelle. Il y a là un gouvernement régulier, qui fonctionne depuis des siècles. En temps normal, les étrangers n'ont rien à craindre. Au Maroc, l'anarchie est à l'état chronique. Et l'expérience même qui fut faite alors a montré les difficultés de l'opération, et combien il est prudent de n'y recourir que temporairement.

Et puis, quelle assimilation peut-on établir entre la situation de la Chine et celle du Maroc, entre un peuple qui, à cette époque, était encore essentiellement anti-militaire et les tribus belliqueuses du Maghreb? Quel rapport entre cet immense empire asiatique, dont les grands centres sont à une énorme distance de nos possessions, et le Maroc, voisin de l'Algérie?

Messieurs, si nous repoussons la politique de conquête et si la politique d'internationalisation nous paraît impossible pour les raisons que je viens de dire, quelle politique devons-nous suivre?

### La politique de la France.

J'avais exprimé dès longtemps le regret que, dans des négociations qui portaient sur l'avenir du Maroc, on ne tînt peut-être pas assez compte du principal intéressé, du Maroc lui-même.

C'est qu'en effet, il est impossible de songer même à approcher ce peuple, si l'on n'a pas d'abord une doctrine marocaine, une politique indigène très arrêtée et très suivie, politique nécessairement adaptée à la constitution géographique, sociale et religieuse de ce peuple.

Le sultan est venu à nous; nous l'avons accueilli; nous l'avons accueilli avec des démonstrations peut-être un peu excessives; mais enfin, en l'accueillant, nous nous sommes conformés à l'acte d'Algésiras.

Mais l'autorité d'Abd el Aziz s'étend sur une étendue limitée; le reste du Maroc est dominé par quatre ou cinq grand caïds, dont les uns sont d'accord avec lui, les autres, non.

Et puis, derrière le sultan, il y a debout, intacte, la forte charpente sociale et religieuse, treize fois séculaire, où tout se tient, vie publique et vie privée, religion, droit, propriété, administration, commerce, famille; il y a le Maroc fondé sur la loi et l'interprétation du Coran, qui forme une masse logique, résistante, impénétrable; il y a cette discipline de couvent, ces confréries religieuses, ces zaouïas, dont les chefs exercent une si profonde influence sur toute la vie sociale de ce peuple. Il y a ce régime foncier, — cette propriété foncière collective de la famille, de la tribu ou de la confrérie religieuse, — fondé, lui aussi, sur la loi coranique, qui rend le sol en très grande partie inaliénable directement, ce régime que nous ne sommes parvenus à modifier en Algérie qu'après de longues années de guerre, et auquel nous ne pourrions toucher, sur tel ou tel point, que d'accord avec les collectivités possédantes, en respectant leur droit de propriété et leurs règles juridiques.

Et d'autre part, entre ce bloc marocain compact, peuplé, cultivé, organisé, et nos 1,200 kilomètres de frontière, il y a toute cette vaste zone relativement déserte, inculte, livrée au brigandage, où les populations malheureuses, sans cesse razziées par des bandes de pillards, comparent le sort des contrées situées de l'un et de l'autre côté de la frontière : chez nous, l'ordre, la propriété respectée, l'agriculture et le commerce prospères; chez elles, la misère, les déprédations, les exactions de toutes sortes, l'absence de toute protection politique et légale.

Donc, deux méthodes nécessairement différentes, suivant qu'on regarde le Maroc par l'Ouest ou par l'Est, par l'Ouest où tout résiste, par l'Est où nous ne heurtons rien, au moyen des contacts pacifiques, des ententes avec les pouvoirs indigènes. (*Applaudissements sur divers bancs.*)

M. de Castellane, puis M. Vaillant ont dit : « Nous ferons des sacrifices sans compensation. Les autres auront le profit et nous les charges; c'est une politique de dupes. » Cette observation serait pleinement justifiée si nous assumions des responsabilités qui ne sont point les nôtres; mais, dans le cadre que nous tracent et les exigences de notre situation politique et la nature même des choses, avant de nous demander si nos efforts profiteront à autrui, il faut d'abord nous demander si nous pouvons ne pas les faire. Or, d'une part, nous sommes obligés de veiller à ce que les approches de l'Algérie restent calmes. Et d'autre part, sur un commerce de 100 millions, la France compte pour environ la moitié. Notre commerce grandit tous les jours, tandis que le commerce des autres puissances européennes diminue. De 1904 à 1906, le commerce de la France, importations et exportations réunies, s'est élevé de 29 à 43 millions; celui de l'Allemagne a baissé de 10,900,000 francs à 7 millions; non que l'effort des négociants allemands ne représente beaucoup d'habileté, de courage; mais notre situation géographique nous assure un avantage naturel.

Ainsi, en remplissant les devoirs qui découlent de l'intérêt spécial que l'Europe nous a reconnu, c'est-à-dire d'un labeur poursuivi depuis près de quatre-vingts ans et de notre établissement dans le nord de l'Afrique, nous sauvegardons des intérêts vitaux : la tranquillité de notre frontière, le développement de notre commerce, la protection de nos nationaux et la sécurité de l'Algérie, liée à l'indépendance du Maroc.

Donc, ni aventure, ni internationalisation; l'accomplissement graduel de notre mission civilisatrice, d'accord avec les puissances.

Et maintenant, qu'il me soit permis d'exprimer un double vœu.

Le premier, c'est que, dans cette affaire qui sera très longue, très délicate, qui exigera beaucoup de patience — car tout est extrêmement lent dans le monde islamique et surtout peut-être au Maroc, — l'opinion française reste calme; c'est qu'elle garde la mesure, le sens des proportions; qu'elle ne se laisse pas entraîner à croire, tantôt que tout est résolu pour quelque opération de police, et tantôt que tout est perdu pour un de ces incidents inévitables qui, sans doute, surgiront encore souvent sous nos pas; c'est qu'enfin les principales difficultés ne viennent pas de nous, de notre nervosité, de nos exagérations, soit dans un sens, soit dans l'autre.

Et le second vœu que j'aurais à formuler — si toutefois il n'est pas trop ambitieux — c'est que les partis, tous les partis, ne cherchent pas à exploiter cette affaire au profit de leurs intérêts et de leurs passions. Il y a des questions, et celle-ci est du nombre, qui dépassent de très haut les querelles parlementaires et les compétitions ministérielles et qui exigent, de la part de tous, un examen désintéressé. (*Très bien! très bien!*).

Il est toujours facile, en pareille matière, de poser des dilemmes absolus. Mais la réalité est plus complexe, et il y a place pour autre chose que pour les solutions extrêmes.

En tous cas, nous serions indignes de représenter ce pays, si nous ne maintenions pas son vrai caractère à une question qui doit rester exclusivement nationale.

Forts de notre loyauté, et aussi des amitiés qu'elle nous a values, nous pouvons regarder le problème marocain, non certes sans préoccupation, mais avec sang-froid, fermement résolus que nous sommes à le traiter, non avec des arrière-pensées de guerre et de conquête, mais dans un esprit de paix et de civilisation, car c'est l'honneur de la France que ses intérêts, compris de la sorte, se confondent avec ceux de l'humanité. (*Vifs applaudissements à gauche, au centre et sur divers bancs à droite.*)

# DISCOURS

PRONONCÉ A LA CHAMBRE DES DÉPUTÉS LE 5 DÉCEMBRE 1907

## BUDGET DES AFFAIRES ÉTRANGÈRES

M. Paul Deschanel, *rapporteur*. — Je crois que le meilleur service qu'un rapporteur puisse rendre à la Chambre en ce moment est d'être bref. Je le serai d'autant plus volontiers, que ce que j'ai à dire est un peu aride et technique. D'ailleurs, la longueur de mon rapport, dont je m'excuse, me permettra d'abréger mes observations.

**Les réformes au Ministère des Affaires étrangères.**

Vous vous rappelez peut-être que, l'année dernière, j'avais eu l'honneur de vous proposer, au nom de la commission du budget, un plan de réformes de l'administration centrale et des services extérieurs du ministère des Affaires étrangères.

Ces réformes portaient sur les points suivants : substitution progressive de la répartition géographique à la répartition administrative des affaires; roulement entre la carrière du ministère et celle du dehors; revision des cadres de la carrière diplomatique; régularité dans le payement des traitements; nécessité de relever un grand nombre de traitements; modification du jury du concours et de la commission du stage; règles et garanties pour l'admission et pour l'avancement; élaboration d'un statut fixé par la loi; codification des règlements épars et parfois contradictoires; réorganisation consulaire et revision des postes; création de nouveaux emplois d'attachés commerciaux ou de missions commerciales, etc.

M. le ministre des Affaires étrangères, dont les idées concordaient avec les nôtres, s'est empressé d'entrer dans nos vues : je l'en remercie au nom de la commission du budget. Il a nommé une commission composée d'un certain nombre de ses plus distingués collaborateurs : MM. Crozier, président; Gavarry, Thiébaut, membres; Philippe Berthelot, rapporteur. Cette commission s'est livrée à un travail considérable.

La réforme de l'administration centrale a été accomplie en principe par deux décrets du 29 avril; elle sera complètement réalisée en fait au commencement de l'année prochaine.

La division des affaires entre la direction politique et la direction commerciale paraissait de plus en plus factice et arbitraire. Déjà on avait commencé de substituer, pour certains pays, la répartition géographique à la répartition purement administrative; on avait créé un bureau de Tunisie, un bureau de l'Amérique du Sud, puis un bureau du Maroc; on a continué par l'Extrême-Orient, et l'on a fini par reconnaître que partout les affaires politiques et les affaires économiques sont si étroitement enchevêtrées, qu'on ne pouvait continuer de les traiter séparément sans risquer de les voir d'une manière incomplète.

Désormais, les questions politiques, commerciales, financières, contentieuses d'une région seront traitées dans leur ensemble par un service où seront mêlés les diplomates et les consuls. Le chef de service assurera l'unité de vues et le contrôle du travail.

Mais, comme le système de la répartition géographique pure serait trop absolu et présenterait des inconvénients d'un autre genre, il sera combiné avec celui de l'ordre par matières. Des conseillers techniques — financier, commercial, juridique, — assureront l'unité de doctrine, et les questions qui présentent un caractère de généralité ou de technicité particulier seront traitées par des services spéciaux.

Cette répartition nouvelle des affaires aura nécessairement pour conséquence une organisation plus rationnelle du travail. Nous voudrions aussi — je crois que c'est la pensée de M. le ministre — que la maison fût un peu plus largement ouverte, non seulement aux agents, mais aux particuliers.

L'étranger entre dans la même voie. M. Isvolsky, ministre des Affaires étrangères de Russie, a envoyé à Paris un de ses principaux collaborateurs pour étudier nos nouvelles méthodes, et il a remanié son ministère suivant notre plan.

L'Allemagne va adopter des dispositions analogues.

La réforme de l'administration centrale peut être mise assez promptement en vigueur, parce qu'elle ne soulève pas de question budgétaire et qu'elle soulève peu de questions de personnes. Au contraire, la réorganisation de nos postes diplomatiques et consulaires est beaucoup plus longue et compliquée. Depuis dix-huit mois, d'après les instructions de M. Léon Bourgeois, une enquête approfondie a été opérée sur chacun de nos postes dans le monde. Les résultats de cette enquête sont résumés dans mon rapport.

J'avais signalé, l'année dernière, l'insuffisance de la plupart des traitements, et surtout des petits traitements.

En effet, de tous les rapports s'élève un cri de détresse. Aucun pays, même parmi les plus petits, ne paye aussi peu ses agents et n'est aussi médiocrement outillé.

M. François Deloncle. — Très bien !

M. le rapporteur. — Nous proposons d'abord une double réforme : la réorganisation matérielle des chancelleries; le relèvement et l'uniformisation des traitements par région. J'indiquerai ensuite comment nous pourrons réaliser ces améliorations sans imposer de nouvelles charges au budget.

D'abord, la réorganisation matérielle des chancelleries.

Aujourd'hui, les agents payent eux-mêmes le loyer des locaux de chancellerie. Un certain nombre d'entre eux ont une tendance à confondre le loyer de la chancellerie avec leur loyer personnel; ils font ainsi des économies au détriment de l'installation des bureaux, qui se trouvent souvent insuffisants. Au contraire, les agents consciencieux font des sacrifices sur leurs propres ressources.

Là même où le département accorde un crédit spécial pour le loyer de la chancellerie, il le fait arbitrairement, en tenant plutôt compte de l'influence de l'agent que des besoins du poste.

Pour mettre fin à ces abus, nous proposons que l'État paye lui-même les loyers des locaux de chancellerie et en contrôle l'établissement.

Mêmes abus dans la fixation des fonds d'abonnement, sommes allouées à forfait et sans conrôle pour pourvoir à tous les frais de service, presque toujours trop faibles et arbitraires. Il n'y a pas dix pour cent de nos chancelleries qui possèdent les ouvrages de jurisprudence et les annuaires commerciaux indispensables, les abonnements au téléphone, aux publications périodiques locales ou aux agences de renseignements.

Les Américains, les Allemands, les Anglais remboursent sur justification tous les frais de service. Il est indispensable de prévoir des allocations distinctes pour le loyer des chancelleries et pour les frais de service et de les fixer suivant les nécessités locales. Le chancelier tiendra la comptabilité du fonds d'abonnement et les consulats seront régulièrement inspectés. (*Très bien! très bien!*)

En ce qui concerne les traitements, une comparaison avec l'étranger montre combien notre démocratie s'est peu préoccupée jusqu'ici de faciliter l'accès des carrières diplomatique et consulaire aux jeunes gens sans fortune. Beaucoup d'agents, fatigués par les séjours prolongés dans les pays malsains, meurent avant d'avoir atteint l'âge de la retraite et laissent leur famille dans le besoin.

En Europe, les traitements n'ont pas été relevés depuis l'établissement des postes. Dans les pays où le change a varié depuis quelques années, comme l'Italie et l'Espagne, ils ne répondent plus partout aux conditions de la vie. Depuis dix ans, ces modifications ont produit une diminution sur les traitements de nos agents de 10 à 12 p. 100 en Italie, de 20 à 25 p. 100 en Espagne, et cela au moment où la cherté de la vie augmente. En Russie, en Amérique, dans l'Afrique du Sud, un certain nombre de consuls ne sont pas en état de faire face à leurs obligations et n'y arrivent qu'à force de privations, dans des conditions inacceptables pour la dignité de notre pays. Quant aux agents en sous-ordre, auxiliaires, commis expéditionnaires, élèves consuls, ils ont des salaires de famine.

On n'avait tenu aucun compte des prix de la vie au moment où les postes ont été créés, et depuis, lorsque les traitements ont été remaniés, ils l'ont été plus souvent dans l'intérêt des personnes que dans l'intérêt du service. Aussi peut-on constater de nombreuses anomalies, des différences injustifiables entre les postes d'un même pays. En Suisse, par exemple, les traitements des vice-consuls varient de 6,000 à 12,000 francs. Dans des pays où la vie est très chère, il y a des consulats moins bien payés qu'en Italie ou en Espagne.

Le moment est venu, premièrement d'établir une échelle des traitements calculée d'après la cherté de la vie; deuxièmement d'uniformiser, dans chacune des zones ainsi fixées, les traitements par catégorie; enfin d'allouer une indemnité aux agents mariés, en proportion de leurs charges de famille.

Au moyen de quelles ressources pourrons-nous, sans grever le budget de charges nouvelles, réaliser cette double réforme : la réorganisation matérielle des postes et le relèvement des traitements?

Nous trouverons des ressources dans les transformations de postes et dans une réforme du tarif des chancelleries.

L'enquête a montré la nécessité de transformations nombreuses, soit par suite des changements économiques survenus dans le monde, soit parce que — il faut bien le dire — les postes s'étaient surtout développés dans les pays voisins, de climat agréable, au détriment des autres, soit enfin par des considérations de personnes.

Tel poste a passé de vice-consulat à consulat général, et le traitement a monté successivement avec chaque nouveau titulaire.

Le corps consulaire français est un des plus nombreux, surtout en Europe. Or, nous avons plus d'intérêt à avoir, comme l'Allemagne, un certain nombre de postes payés suffisamment et bien organisés, qu'un très grand nombre de postes hors d'état de remplir leur mission. (*Très bien ! très bien !*)

Les économies que nous réaliserons en Europe et dans les pays complètement organisés permettront de nous installer plus fortement dans les pays neufs, où un vaste champ s'ouvre à notre industrie et à notre commerce.

La réduction du nombre des consuls aura aussi pour conséquence d'augmenter l'étendue des circonscriptions consulaires. Aussi deviendrat-il nécessaire d'autoriser les consuls à se déplacer pour des voyages d'études et pour des tournées d'inspection.

L'ancienne conception du consul attaché à son fauteuil paraît aujourd'hui quelque peu surannée. Le chef de poste sera doublé d'un agent auquel le poste sera confié par lui en son absence. (*Très bien! très bien!*)

Les consulats supprimés seront remplacés, soit par des agences consulaires ordinaires, soit par des agences consulaires de carrière. Cette combinaison permettra de régler les questions de personnes sans léser aucun droit et dans les conditions les plus avantageuses à la fois pour les agents et pour l'État.

En second lieu, nous pourrons trouver des ressources considérables dans une réforme des tarifs de chancellerie conçue dans le sens de la réciprocité à l'égard de l'étranger, c'est-à-dire en appliquant aux étrangers, pour la délivrance des actes de chancellerie, des droits égaux à ceux que leurs consuls exigent en France de nos compatriotes.

Notre tarif date de 1875; il nous rapporte environ 1,300,000 francs par an. On a calculé que, si le principe de la réciprocité avait été appliqué depuis trente-deux ans, nous aurions gagné de ce chef 30 millions.

D'autre part, ce tarif n'exige des armateurs étrangers que des droits insignifiants; on a calculé approximativement que la prime indirecte que nous accordons ainsi à nos concurrents nous a fait perdre, dans le même temps, environ 15 millions, soit en tout 45 millions.

La réciprocité doublerait les recettes de nos chancelleries et, dans les ports de certains pays, les quadruplerait. Nous supprimerions cette prime indirecte que nous donnons bénévolement aux navires étrangers qui font concurrence aux nôtres.

M. JOURDE. — Les factures consulaires d'Amérique coûtent 3 francs aux Américains et nous coûtent à nous 13 francs.

M. LE RAPPORTEUR. — C'est cela. Voici un exemple encore plus frappant. Un bateau allant de Valence à Marseille, avec marchandises et passagers, quel que soit son tonnage, verse 12 fr.

pour le visa de la patente de santé et, s'il n'accomplit pas cette formalité, il ne paye rien.

Un bateau français de 1,000 tonnes — nos bâtiments rentrent dans cette catégorie — allant de Marseille à Valence, avec passagers et marchandises, doit payer 125 francs, plus 75 centimes par passager, plus 20 p. 100 d'impôt sur la somme totale, soit, s'il y a dix passagers, 159 francs.

Il ne faut pas s'étonner que, pour éviter de payer des droits si élevés, nos compagnies préfèrent abandonner au pavillon espagnol une sorte de monopole des transports. Le jour où le principe de la réciprocité serait adopté, les recettes de notre chancellerie de Valence seraient quintuplées, et cette augmentation considérable, tout en dégrevant nos compatriotes, défendrait plus efficacement notre marine et notre commerce extérieur.

Un accord devra intervenir sur ce point avec les autres ministères spécialement intéressés, et des négociations devront être engagées avec quelques États pour la modification de leur tarif ou l'acceptation du nôtre.

Lorsque ces modifications auront été accomplies, il y aura lieu d'examiner sur quels points nous pourrons dégrever les Français et réduire certaines taxes du tarif qui atteignent notre marine de commerce, notamment l'article 126. (*Applaudissements.*)

Tout cela est un peu aride. J'ai hâte... (*Parlez! parlez!*)

M. LE PRÉSIDENT DE LA COMMISSION DU BUDGET. — C'est extrêmement intéressant.

M. LE RAPPORTEUR. — La séparation factice entre les affaires politiques et les affaires commerciales, qui disparait dans l'administration centrale, doit disparaître également dans les services extérieurs.

Dans chaque centre de mission diplomatique, un agent sera chargé de centraliser tous les renseignements d'ordre consulaire et commercial. De plus, chaque année, il fera un voyage d'inspection, qui rendra inutile l'institution d'une inspection spéciale des consulats.

Un ambassadeur aura sous ses ordres un agent de grade élevé de chacun des deux cadres, et ces agents, qui auront vue sur l'ensemble, pourront, au besoin, se suppléer l'un l'autre. Les consuls prendront ainsi l'habitude des grands postes et des grandes affaires; car il est impossible de dissocier l'action économique de l'action politique de notre pays. (*Très bien! très bien!*)

Et, de même que tous les renseignements commerciaux et le contrôle de l'activité consulaire seront centralisés au centre diplomatique, ils le seront également, pour le monde entier, au sommet, au ministère même, dans un service spécial, qui sera, je l'espère, largement ouvert à tous les intéressés. (*Très bien! très bien!*)

Dans l'intérieur de chaque poste, on confond deux ordres de travaux tout à fait différents : le travail économique et le travail administratif. Il faut marquer cette distinction essentielle et délimiter nettement les attributions de chacun.

Le travail économique sera fait par le consul, aidé d'un élève vice-consul. Le travail administratif sera concentré entre les mains du chancelier, aidé par un commis auxiliaire, agent permanent, pris sur place, connaissant la langue et les mœurs du pays.

Le décret du 3 novembre 1906, qui a déterminé les attributions du ministère du Commerce en ce qui concerne les consuls, avait eu pour objet de resserrer les liens entre les deux ministères et de rendre plus efficace, au point de vue commercial, l'action de nos agents.

Je ne sais si le but qu'on s'était proposé a été complètement atteint. Il est utile, sans doute, que des relations régulières s'établissent entre le ministère des Affaires étrangères et le ministère du Commerce; mais le contrôle d'une administration sur l'autre, l'intervention du ministère du Commerce dans les nominations et dans les travaux des consuls ont amené certaines difficultés et peuvent engendrer des conflits.

Je n'ai pas besoin d'appeler sur ce point l'attention de M. le ministre des Affaires étrangères et de M. le ministre du Commerce.

Nous avons longuement parlé l'année dernière de la question des attachés commerciaux. Un projet est en préparation entre le ministère des Affaires étrangères et le ministère des Finances.

Les Anglais, vous le savez, viennent de réformer l'organisation de leurs attachés commerciaux. Ceux-ci ont été rappelés à Londres, qui deviendra désormais leur quartier général; ils visiteront les centres industriels de l'Angleterre et feront des voyages à l'étranger, formant ainsi une sorte de corps de voyageurs de commerce nationaux. Nous devrons suivre attentivement cette expérience; nous devrons aussi nous garder des solutions trop absolues. D'ailleurs, les Anglais conservent certains attachés permanents, comme celui de Paris. Nous n'aurons pas non plus la pensée de supprimer notre attaché commercial à Londres, par exemple, qui nous rend tant de services. De tels agents devraient même être mieux rémunérés. (*Très bien! très bien!*)

Mais il est d'autres régions où nous n'avons pas besoin d'attachés commerciaux permanents, où nous pourrions avoir des missions commerciales temporaires ou spécialisées par nature d'industrie ou par nature de commerce. (*Applaudissements à gauche.*) Ainsi, tantôt des attachés commerciaux permanents par région ou par nation, tantôt des missions économiques spécialisées ou temporaires.

J'avais signalé aussi — et vous aviez bien

voulu approuver mes paroles — la nécessité de donner à la carrière diplomatique et consulaire un statut fixé par la loi (*Très bien ! très bien !*) pour mettre un frein au favoritisme, aux passe-droits et à l'intrusion excessive des personnes prises au dehors, qui retarde l'avancement et la retraite de tous nos agents. (*Applaudissements.*)

Certes, il serait imprudent de tarir absolument la source du recrutement exceptionnel, surtout dans les hauts grades ; c'est par en bas qu'il faut surtout garder le ministre au moyen de règles précises.

Le principe devrait être l'égalité démocratique, résultant d'un recrutement ayant à la base l'examen et le concours pour tous les services, sans exception, de manière qu'aucune admission de faveur ne soit désormais possible ; d'une assimilation précise entre les grades de la carrière diplomatique et de la carrière consulaire...

M. Ferdinand Dubief. — Et ne pas sacrifier la carrière consulaire.

M. le rapporteur. — ... pour permettre le passage et la fusion des deux cadres dans l'administration centrale et dans les services extérieurs ;

de garanties d'avancement régulier et de règles fixes pour le séjour à l'étranger.

Notre corps consulaire se recrute principalement au moyen des élèves vice-consuls; ce recrutement doit donc offrir des garanties très sérieuses.

Or, actuellement, on n'exige des candidats qu'un diplôme de bachelier ou un diplôme d'école de commerce. Les élèves vice-consuls passent ensuite vice-consuls dans un délai plus ou moins long, quelle que soit leur valeur; on ne distingue pas entre les bons et les mauvais. Dans ces conditions, la plupart de ces jeunes gens, étant assurés de passer au grade supérieur, ne font aucun effort. De là résulte un abaissement continu de la valeur des agents issus du rang et, par conséquent, de notre corps consulaire, dans lequel ils constituent la majorité.

Il serait urgent de remédier à cette situation en demandant aux candidats aux emplois d'élèves vice-consuls un examen d'ailleurs très simple, élémentaire, un minimum de connaissances indispensables au point de vue des langues, de la rédaction et du droit.

Après cet examen d'entrée, les candidats seraient nommés élèves vice-consuls et pourvus d'un poste, au fur et à mesure des vacances, dans l'ordre de mérite constaté par l'examen. Mais ils ne seraient considérés que comme des étudiants et non encore comme des fonctionnaires. Leur admission définitive dans les cadres ne serait prononcée qu'après un nouvel examen, qui aurait lieu au bout de trois ou quatre ans et constaterait l'instruction professionnelle nécessaire pour devenir vice-consul. On leur demanderait de rédiger un petit rapport sur une enquête économique, de résumer un dossier, de décrire le fonctionnement d'un poste et de parler une langue étrangère. Ils pourraient se présenter deux fois à chacun de ces deux examens; le second échec les éliminerait définitivement.

Ces mesures assureraient à l'État les garanties qu'il doit exiger de ses agents, garanties réclamées impérieusement par l'opinion.

Des garanties analogues seraient exigées pour le recrutement des drogmans et des interprètes, dont les cadres et la hiérarchie correspondraient à la carrière consulaire, et dont les échelons seraient gradués dans les mêmes conditions.

Nous devrons, d'ailleurs, augmenter le nombre de nos élèves interprètes, devenu insuffisant en raison des créations de postes, de l'importance croissante de leurs attributions, et aussi à cause de la nécessité d'organiser l'interprétariat japonais, assuré jusqu'ici d'une manière tout à fait insuffisante.

Une des réformes réclamées avec le plus d'insistance par le personnel est l'assimilation entre les deux cadres diplomatique et consulaire. Il suffit, pour établir l'équilibre, l'égalité de grade entre les diplomates et les consuls, d'augmenter un peu les années d'apprentissage de la carrière diplomatique; tous les droits acquis devant être, bien entendu, respectés.

Aucun agent ne devra être envoyé à l'étranger sans avoir accompli un stage au ministère. Et aucun ne pourra être nommé à l'administration centrale avant d'avoir résidé quatre ans au moins à l'extérieur.

Toutes les règles relatives au payement des traitements devront être remaniées et ramenées à un texte uniforme. Chaque grand service formera une unité budgétaire, en ce sens que le crédit global affecté au payement de tout le personnel qu'il emploie ne pourra être appliqué à la rétribution d'un autre service, de sorte qu'un service ne pourra être favorisé aux dépens d'un autre.

De même pour les postes extérieurs : le traitement des postes calculé par zones ne sera plus modifié que par la loi de finances, de manière à éviter qu'un traitement de faveur ne puisse être attribué à certains agents au détriment de leurs collègues. Un agent occupant un poste à l'étranger ne pourra plus, comme aujourd'hui, être payé sur les traitements de l'administration centrale, ou réciproquement.

Enfin, le système actuel des gérances est dispendieux pour le chef de poste, qui doit abandonner la moitié de ses frais de représentation à l'intérimaire, ou désavantageux pour le chargé d'affaires, lorsque le chef de poste s'arrange pour ne jamais lui abandonner la gérance payée en s'absentant moins de quinze jours. L'allocation d'une indemnité journalière au chargé d'affaires par le département trancherait la difficulté. Le corollaire de cette mesure serait une fixation stricte de la durée des congés et des permissions.

Tel est — je me suis efforcé de ne dire que l'essentiel — l'ensemble des réformes qui assureraient un emploi plus avantageux des crédits que vous mettez à la disposition du ministre des Affaires étrangères.

J'ai l'honneur de déposer entre les mains de M. le président une motion où elles se trouvent résumées, et je la soumets avec confiance à la bienveillante attention de la Chambre et du gouvernement. (*Applaudissements.*)

M. LE PRÉSIDENT. — Voici, messieurs, la proposition de résolution annoncée par M. le rapporteur :

« La Chambre invite M. le ministre des Affaires étrangères à :

« 1° Apporter au budget de 1909 un plan de réorganisation complet des postes extérieurs, en s'imposant les deux règles suivantes : rester dans les limites du budget; ménager la situation des agents et respecter les droits acquis;

« 2° Nommer, dès maintenant, une commission qui étudiera la réforme du tarif des chancelleries;

« 3° Déposer, dans un délai aussi bref que possible, un projet de loi en quelques articles, contenant les garanties générales réclamées par les agents du ministère des Affaires étrangères. Un décret fixera ensuite le détail du statut du personnel diplomatique et consulaire. »

# DISCOURS

PRONONCÉ A LA CHAMBRE DES DÉPUTÉS LE 27 JANVIER 1908

## INTERPELLATIONS SUR LES AFFAIRES MAROCAINES

M. Paul Deschanel. — Au point du débat où nous sommes arrivés, je n'apporterai ici que de très brèves observations : d'abord, parce que j'ai déjà eu occasion de m'expliquer il y a deux mois; ensuite parce que ce qui importe surtout, à cette heure, ce que la Chambre attend, ce sont les résolutions du gouvernement.

Je ne reviendrai pas sur les causes de la situation actuelle. Je dois seulement rappeler d'un mot qu'il y a ici des hommes qui, dans tous les temps, ont défendu l'entente anglaise, (*Très bien! très bien!*) l'alliance russe, la réconciliation avec l'Italie, le rapprochement entre la Russie et l'Angleterre, non avec des arrière-pensées de conflit, mais, au contraire, dans une pensée d'équilibre, de paix et de sécurité nationale, (*Très bien! très bien!*) qui ont défendu ces idées alors même qu'elles paraissaient irréalisables et chimériques, aux temps lointains où la Russie était encore liée à l'Allemagne et à l'Autriche, où l'Angleterre et la Russie paraissaient sur le point d'en venir aux mains dans l'Asie centrale, puis pendant la longue rivalité coloniale entre la France et l'Angleterre, et même au plus fort de la guerre du Transvaal, mais qui, le jour où la diplomatie française greffa la question marocaine sur notre politique générale, crurent devoir faire d'expresses réserves. (*Applaudissements.*)

Et j'ai le regret de constater que M. Jaurès, qui se plaint aujourd'hui du tour que prennent les choses, au lieu de joindre alors ses efforts aux nôtres, n'eut de critiques que pour ceux qui exprimaient leurs appréhensions.

C'est alors qu'il eût fallu parler. (*Très bien! très bien!*) Aujourd'hui il est un peu tard! Aujourd'hui, les difficultés que nous n'avions que trop prévues se déroulent. Il s'agit de savoir ce que la France doit faire, ce qu'elle peut faire dans la situation difficile et complexe où elle se trouve placée.

Essayons de serrer de près le problème et d'en préciser les termes.

D'une part, personne ne peut songer à une politique de conquête ni de protectorat, et cela pour une raison qui domine toutes les autres : c'est qu'une telle politique serait en contradiction formelle avec l'acte international qui porte la signature de la France. (*Très bien! très bien!*)

M. Édouard Vaillant. — Ce serait, en outre, une folie.

M. Paul Deschanel. — D'autre part, personne ne songe à abandonner la protection de nos nationaux. Seulement, M. Jaurès pense qu'il suffit, pour assurer cette protection, de laisser nos navires devant les ports. Or, dans les circonstances actuelles, avec le mouvement xénophobe qui se déchaîne...

M. Jaurès. — Que nous avons préparé.

M. Paul Deschanel. — Ce n'est pas nous qui avons massacré à Casablanca des ouvriers français !

M. Édouard Vaillant. — C'est la prolongation de l'invasion qui a créé ce mouvement.

M. Paul Deschanel. — Comment pourrions-nous retirer nos troupes sans exposer les étrangers à de nouveaux périls et sans risquer d'être bientôt forcés d'y retourner dans des conditions beaucoup plus mauvaises et avec des responsabilités beaucoup plus graves? Le Maroc, le monde musulman tout entier y verraient aujourd'hui un aveu d'impuissance. Nous serions condamnés à un effort plus considérable et nous perdrions le bénéfice de celui que nous avons déjà fait. (Très bien! très bien!)

D'ailleurs, en certains ports, la barre, pendant la mauvaise saison, est infranchissable; de sorte que, si de nouveaux désordres venaient à se produire, nos équipages seraient contraints d'y assister, impuissants. Il faut donc garder l'accès de certains ports par les routes de terre; c'est pour cela que nous sommes à trois heures de marche de Rabat. A Mazagan et à Mogador, l'ordre a été maintenu jusqu'ici par les troupes du makhzen, commandées par des caïds sûrs et qui nous ont épargné la peine d'intervenir, et aussi grâce au respect qu'inspire le voisinage de nos troupes.

Mais nous n'en devons pas moins être prêts à toute éventualité. Or, les précautions à prendre sont les mêmes, qu'il s'agisse de protéger seulement nos nationaux, — car il y a des Français dans tous les ports, — ou qu'il s'agisse de protéger aussi les autres Européens.

Et par là se trouvent maintenues en même temps les communications des villes maritimes avec l'intérieur, la liberté des transactions et la perception des droits de douane. En effet, la présence de nos troupes a rendu au marché de Casablanca son activité et a augmenté le rendement de la douane.

Etait-il indispensable, pour accomplir cette tâche, pour garantir la sécurité du littoral, d'occuper toute la Chaouïa et de pousser jusqu'à Settat? Et si cela était indispensable, pourquoi ne l'a-t-on pas fait plus tôt? C'est évidemment ce contraste entre une longue inaction et cette action subite qui a déconcerté et ému l'opinion. Le gouvernement s'expliquera là-dessus.

Mais cela est le passé ; ce qui importe, c'est surtout l'avenir ; ce qui nous importe, c'est de connaître les desseins du gouvernement pour demain. (*Très bien ! très bien !*) A-t-il la ferme résolution de s'en tenir là et de ne pas s'engager plus avant ? Voilà la première question qui se pose.

Du côté de l'Algérie, notre devoir est bien clair et notre programme tout tracé : il résulte de nos accords avec l'Europe et de nos accords avec le Maroc lui-même. Nous devons organiser le plus promptement possible la police algéro-marocaine dans la région frontière. De ce côté, le général Lyautey a fait ce qu'il y avait à faire avec une agilité et une précision qui rappellent les opérations du maréchal Bugeaud. Il n'y a qu'à lui laisser accomplir la tâche d'où résulteront définitivement la réalisation des protocoles de 1901 et de 1902, la sécurité de notre frontière, l'ouverture des marchés et l'expansion économique de cette partie de l'empire chérifien.

Enfin — et c'est ici le point le plus délicat de

la situation présente — quelle attitude la France doit-elle observer à l'égard d'Abd el Aziz et de Moulay Hafid ?

M. Édouard Vaillant. — La neutralité!

M. Paul Deschanel. — Nous nous trouvons pour le moment en présence d'un sultan officiel, reconnu par l'Europe, qui a signé l'acte d'Algésiras, qui est venu à Rabat et qui a voulu y venir; c'est un fait.

Nous n'avons pas à nous immiscer dans les affaires intérieures du Maroc; nous n'avons pas à prêter à l'un ou à l'autre la force de nos armes. Nous sommes les mandataires de l'Europe et nous entendons exécuter notre mandat. Or, par cela même que nous voulons rester les loyaux exécuteurs des conventions internationales, nous ne saurions favoriser l'action de ceux qui les veulent enfreindre. (*Très bien! très bien!*) Mandataires de l'Europe, nous ne pouvons nous entendre qu'avec ceux qui respectent ses volontés; nous ne pouvons pas nous entendre avec ceux qui les repoussent.

Un exemple précisera ma pensée. Un port, celui de Safi, est aux mains de Moulay Hafid. Il en tire, par la douane, quelques centaines de mille francs. Que fera-t-il de ces ressources? Les emploiera-t-il contre nous? Ses proclamations, ses appels à la guerre sainte ne sont-ils que des nécessités de situation, ou bien se traduiront-ils en actes, et jusqu'à quel point?

Nous n'avons, pour le moment, qu'à garder à cet égard une attitude d'observation vigilante, de patience et de sang-froid, bien résolus à ne pas attaquer, bien résolus aussi à ne pas nous laisser attaquer. (*Applaudissements sur divers bancs.*)

Ainsi, d'une part, une politique d'expédition à l'intérieur, d'aventures, de conquête, ou d'arrière-pensée de conquête, et, d'autre part, une politique d'abdication, qui serait une honte pour la France et un désastre pour l'Algérie, nous paraissent également impossibles. (*Très bien! très bien!*) L'exécution sincère des traités par l'organisation de la police frontière et par la protection des Européens dans certains ports, tel doit rester notre programme.

L'acte d'Algésiras interdit à toute autre puissance d'intervenir au Maroc. Par là, l'Europe a reconnu ce principe permanent de notre politique, à savoir que la France ne saurait permettre à un autre État de prendre une position plus forte que la sienne dans l'empire chérifien.

C'est à nous de ne pas laisser porter atteinte à ce principe dans l'ordre des faits, en accomplissant notre devoir.

C'est une lourde tâche, sans doute; mais aucun gouvernement, quel qu'il soit, ne saurait se dérober aujourd'hui à cette responsabilité. Et ceux qui ont voté la ratification de l'acte d'Algésiras seraient particulièrement mal venus à en contester l'exécution. (*Très bien! très bien!*)

M. ÉDOUARD VAILLANT. — C'est pour faire disparaître la crainte d'un conflit européen que nous avons voté l'acte d'Algésiras.

M. PAUL DESCHANEL. — La Chambre, je l'espère, dira par son vote que cette politique, en même temps qu'elle est dictée par les événements, commandée par les faits, est aussi la plus conforme aux accords internationaux, à l'intérêt spécial que l'Europe nous a reconnu, à la sécurité de l'Algérie et à la dignité de la France. (*Applaudissements.*)

8.

# DES MONTS DE BOHÈME AU GOLFE PERSIQUE [1]

Les déclarations du baron d'Ehrenthal et l'iradé du sultan au sujet de la ligne de Mitrovitza donnent un singulier caractère d'actualité aux deux derniers livres de M. René Henry, *Questions d'Autriche-Hongrie et Question d'Orient* et *Des monts de Bohême au golfe Persique*.

Le jeune écrivain était un des élèves préférés

---

1. *Questions d'Autriche-Hongrie et Question d'Orient*, par RENÉ HENRY, avec préface de M. Anatole Leroy-Beaulieu, de l'Institut. Ouvrage couronné par l'Académie française (prix Thérouanne). 1 volume in-16, accompagné de cartes (Plon, 3ᵉ édition, 1908). — *Des monts de Bohême au golfe Persique*, par RENÉ HENRY, avec préface de M. A. Leroy-Beaulieu. 1 vol. in-16, accompagné de cartes (Plon, 1908).

d'Albert Sorel. Depuis plus de dix ans, il mène une enquête en quelque sorte permanente sur les affaires d'Autriche-Hongrie et des Balkans. Ses fortes et vivantes études — comme celles de MM. Albert Malet, Georges Gaulis, André Chéradame, Beaumont, Charles Loiseau, Max Choublier, Édouard Driault, Maurice Lair, Louis Jaray, Georges Weil, Eisenmann, André Tardieu, Henri Lichtenberger, René Pinon, Maurice Schwob, Georges Blondel, Recouly, Maurice Gandolphe, Contenson, Witte, Bellessort, Launay, Marcel Prévost, Eugène Lautier, Gustave Wagner — continuent cette œuvre des Louis Léger, des Himly, des Saint-René Taillandier, des Sayous, des Albert Sorel, des Vandal, des Caix de Saint-Aymour, des Marbeau, des Avril, des Émile Picot, des Anatole Leroy-Beaulieu, des Gaidoz, des Hanotaux, des René Millet, des Ernest Denis, des Charles Benoist, des Auerbach, des Victor Bérard, qui fait tant d'honneur à la France.

Surtout, M. René Henry met en pleine lumière l'étroite connexité des problèmes austro-hongrois, d'un côté avec les questions balkaniques et orientales, de l'autre avec l'expansion germanique. Il montre comment le sort des peuples balkaniques est lié à celui de l'Autriche-Hongrie et comment la poussée germanique, accrue de 800,000 à 900,000 âmes par an, se fait sentir des montagnes des Géants au Taurus. Il examine un à un les pays traversés par ce grand courant, le nouveau Parlement autrichien, la crise hongroise, les ambitions et les rivalités des États slaves du Balkan, la lutte des puissances en Asie occidentale. Il laisse parler les hommes, les choses : ce sont des instantanés — sans retouche, — la vie même, avec ses contradictions, ses rapides changements, ses heurts.

Est-il besoin d'ajouter ici que ces problèmes nous touchent directement? Nous avons intérêt à ce que le flot germanique, qui s'épand aujourd'hui vers l'Est, ne reflue pas sur nous, et en même temps nous devons souhaiter qu'une Autriche-Hongrie résistante et durable maintienne l'équilibre des forces. Tout amoindrissement de l'Autriche serait un affaiblissement de la France.

### En Autriche.

Les empereurs habsbourgeois ont toujours tenté, avec l'aide de ministres surtout allemands, d'unifier leurs royaumes, leurs provinces, leurs nations, d'en fondre les éléments très divers, comme firent jadis nos rois, comme ont fait les rois de Prusse, comme font les tsars. Mais les vieux États et les jeunes nationalités résistent et luttent contre la germanisation, pour le maintien de leurs droits.

En Cisleithanie, la loi électorale de 1861 (système de Schmerling) maintenait une hégémonie allemande factice. Dans telle circonscription, 20,000 Allemands élisaient un député; dans telle autre, 100,000 Slaves n'avaient qu'un représentant. Au Reichsrath, même après la réforme de 1897, sur 425 députés, les Allemands, — qui sont seulement les 36,2 centièmes de la population — avaient 201 députés, soit plus des 47 centièmes de la représentation. Les Slaves — qui sont les

60 centièmes de la population — n'avaient que 190 députés, soit moins de 45 centièmes. Ce régime électoral arbitraire, inique, aviva les haines entre nationalités. L'Autriche et son Reichsrath étaient divisés et faibles, en face d'un Parlement hongrois uni et fort.

Enfin, l'année dernière, le vieux système a croulé. La crise hongroise, le drame russe, l'agitation socialiste, l'effort tchèque, surtout la volonté tenace de l'empereur ont donné à l'Autriche, par la loi du 26 janvier 1907, le suffrage universel et des circonscriptions moins inégales. Après cinquante-neuf ans de règne, François-Joseph, tenant tête aux résistances féodales et aux préjugés bourgeois, se rappelant sans doute que le suffrage universel a contribué à faire l'unité de l'Allemagne, a vu clairement que le plus sûr moyen d'affermir le vieil empire était de rajeunir sa Constitution, que le suffrage universel serait le ciment de la monarchie, et il est allé hardiment au-devant de la démocratie montante.

Quels ont été les effets de cette grande réforme? Dans le nouveau Reichsrath, les rivalités nationales — toujours agissantes et vivaces — sont pourtant moins âpres, parce que les inégalités sont moins grandes; les haines s'apaisent. Et les luttes électorales changent de caractère, parce que chaque nationalité se fractionne en partis sociaux et religieux.

Le législateur s'est efforcé de répartir les nationalités en circonscriptions électorales distinctes. Il a tout fait pour dissocier électoralement les éléments nationalement hétérogènes. Les luttes étaient ardentes là surtout où les nationaités étaient étroitement enchevêtrées. Ainsi, les Tchèques soutiennent une lutte acharnée contre les Allemands, qui les enserrent en Bohème et habitent parmi eux en Moravie. Dans cette province, les éléments tchèques et allemands sont mêlés à ce point, qu'il est impossible de les séparer territorialement sans sacrifier presque partout de fortes minorités. La loi nouvelle a créé deux Moravies électorales : la tchèque et l'allemande; chacun des deux réseaux de circonscriptions s'étend sur le pays entier. Tout électeur doit déclarer, dans sa commune, s'il veut voter dans la circonscription tchèque ou dans l'allemande. C'est ce qu'on appelle le système du *cadastre national.* M. René Henry aperçoit là un principe fécond, qui pourrait, dans l'avenir, être appliqué ailleurs : « affranchir l'électeur de la glèbe territoriale et permettre aux nationalités enchevêtrées de subsister ensemble dans un même pays, sans avoir à s'entre-dévorer ».

En tous cas, ces réformes équitables ne peuvent que fortifier et consolider l'Autriche, et nous ne pouvons, nous Français, qu'y applaudir, heureux de constater que la justice électorale concorde avec l'intérêt européen.

### En Hongrie.

En Hongrie, la réforme électorale n'est encore qu'en préparation. La Hongrie est absorbée par deux problèmes, à certains égards contradictoires : d'une part, face à Vienne, reconquérir son autonomie en matière militaire et économique ; d'autre part, avec l'appui de Vienne, face aux nationalités diverses de l'intérieur, assurer la supériorité magyare (8 ou 9 millions de Magyars sur près de 20 millions de Transleithans).

L'idée grandit, parmi les Magyars, que le pacte de 1867 ne contient que de premières et insuffisantes concessions et que, de plus, il a été restreint et faussé. « L'État hongrois est un État souverain : de cette idée il faut tirer toutes les conséquences, ce qui n'entraînera point un affaiblissement de la force habsbourgeoise, au contraire. » En même temps, les Magyars veulent que le royaume de Hongrie devienne, à l'intérieur, de plus en plus homogène.

Le comte Albert Apponyi disait à l'auteur : « L'erreur fondamentale d'une grande partie de l'opinion européenne est de croire que nos revendications tendent à la dissolution de la monarchie austro-hongroise, à une séparation complète de la Hongrie et de l'Autriche, à l'instar de celle de la Norvège et de la Suède. Rien n'est plus faux. Personne, dans la majorité actuelle, n'a pareille intention. Il s'agit, en somme, du désir de la Hongrie d'imprimer le caractère national à sa force armée, sans rompre le lien d'unité militaire qui l'unit à la force armée de l'Autriche. »

Il faut observer toutefois que le compromis de 1907 prévoit, prépare et organise en partie une sorte de liquidation de la communauté économique. A ce point de vue, la Hongrie pourra, en 1917, établir son autonomie. Si elle le fait, que se passera-t-il ? « L'établissement d'une barrière douanière entre la Hongrie et l'Autriche, dit M. René Henry, pourrait pousser à la constitution d'un zollverein austro-allemand... Séparer militairement et économiquement l'Autriche de la Hongrie, c'est rapprocher l'Autriche de l'Allemagne. »

Dans la série des déclarations que faisaient à notre auteur, en 1905, en pleine crise, la plupart des hommes d'État hongrois, celle-ci mérite d'être notée : « Il serait dangereux de laisser se constituer une Hongrie isolée; nous ne serions presque plus que le premier des États balkaniques. La question du dualisme n'est pas seulement une question austro-hongroise, une question intérieure; c'est aussi et avant tout une question européenne : l'Europe a besoin d'une puissance forte sur le moyen Danube. »

Le jour où la Hongrie aura conquis son autonomie économique, ces craintes se réaliseront-elles ? Verrons-nous se former dans l'avenir un zollverein austro-allemand ? Ou bien, les tarifs hongrois étant relevés, l'Autriche se bornera-t-elle à conclure avec l'Allemagne un traité de commerce à tarifs réduits ?

D'autre part, si une Hongrie à hauts tarifs barrait la route au *drang* allemand, celui-ci ne pourrait-il pas prendre la route qui contourne les Karpathes, par la Galicie autrichienne et la Roumanie amie ?

De sorte que, réduit à ces données essentielles, sous l'angle qui nous regarde, le problème hongrois peut se définir ainsi :

D'une part, la Hongrie, en devenant de plus en plus autonome, échappe de plus en plus à l'action de Berlin ; mais, d'autre part, le jour où la Hongrie serait séparée économiquement de l'Autriche, celle-ci tendrait vraisemblablement à se rapprocher de l'Allemagne.

Telle est la double et contradictoire difficulté que pose devant la France et l'Europe le destin de la Hongrie. Aussi n'aurons-nous jamais assez d'observateurs attentifs pour suivre l'évolution de sa politique.

Heureusement, les hommes et les choses sont plus souples que les prévisions abstraites. La vie a des ressources merveilleuses et déconcertantes. Souhaitons que les progrès mêmes du pays de saint Étienne permettent dans l'avenir des combinaisons assurant à la fois aux Hongrois la plénitude de leur développement historique et à l'Autriche-Hongrie la plénitude de sa force.

### Dans les Balkans.

En étudiant la Serbie et la Bulgarie, M. René Henry a été nécessairement amené au sujet qui les divise : la Macédoine. Là, en effet, est le nœud du problème balkanique. La Serbie qui, enserrée par l'Autriche-Hongrie, ne peut avoir son indépendance économique que par un accès à une mer ; la Bulgarie, qui, enhardie par le succès, tourne les yeux vers les pays bulgares ou déclarés tels, ne pourront définitivement s'entendre, tant que la Macédoine restera ce qu'elle est.

Le jeune écrivain, devançant la marche lente des puissances, essaye de pénétrer l'avenir; il espère qu'un jour leur accord permettra à un gouverneur général indépendant et contrôlé d'appliquer aux populations de la Macédoine un régime analogue au cadastre électoral de la Moravie. Il prévoit aussi, il prévoyait dès 1902, que les conflits économiques dont la Macédoine est le théâtre pourraient être en partie résolus, si l'on appliquait au port de Salonique et à certaines lignes de chemins de fer les règles qui régissent les fleuves internationaux, et par exemple la navigation du bas Danube tout proche. Nous avons retrouvé depuis lors la même idée sous la plume de M. Victor Bérard, dans sa préface au livre de M. Draganoff sur *La Macédoine et les réformes* : « Si la Hongrie veut être libre, elle sent aujourd'hui qu'elle doit ouvrir à son commerce les ports du Levant. La route du Vardar lui est nécessaire... Il faut que Pesth ait en Salonique son Rotterdam, pour que les Échelles du Levant entrent enfin dans sa clientèle. Je dis son Rotterdam, et non pas un autre Fiume. Comme Rotterdam hollandais sert de port maritime au Rhin allemand, il faut que Salonique macédonienne serve de débouché aux convois de la Hongrie, de la Serbie, de l'Europe centrale. Pour obtenir ce résultat, il n'est pas nécessaire que le drapeau serbe ou hongrois flotte à Salonique, comme à Belgrade ou comme à Fiume... Non; pas d'annexion : ce qu'il faut aux Magyars, comme aux peuples des Balkans, comme à l'Europe, comme au Turc lui-même, ce qu'il faut à l'humanité, c'est, par le contrôle financier et militaire des puissances, la paix et l'ordre sur la route de Salonique et, comme aux bouches du Danube, une commission internationale aux bouches du Vardar. »

En attendant, depuis les déclarations du baron d'Æhrenthal, l'Europe est en présence d'une situation nouvelle.

L'Angleterre qui, depuis quelque temps déjà, supportait avec une visible impatience les lenteurs et les hésitations du gouvernement austro-hongrois, entravé par le souci de ménager les résistances de l'Allemagne et en dernier lieu par la recherche d'avantages particuliers, a aussitôt saisi l'occasion pour reprendre son plan de réformes.

La Russie, qui, à l'époque où elle était tournée vers l'Extrême-Orient, avait trouvé son avantage à l'accord de 1897, puis au programme de Müerzsteg, c'est-à-dire au *statu quo* dans les Balkans, va pouvoir jouer à nouveau son rôle historique en Europe.

La France, par cela même qu'elle peut être, moins que toute autre, soupçonnée de poursuivre en Macédoine des avantages particuliers, paraît désignée pour tenir en Orient une place analogue à celle qui lui échut dans le règlement des affaires de Chine, après l'insurrection des Boxers.

Les deux questions qui se posent sont celles de la réforme judiciaire et des voies de communication, chemins de fer et routes.

Les efforts des puissances pour organiser une justice régulière par l'institution d'un contrôle européen ont toujours échoué; ce contrôle est cependant indispensable : la pacification de la Macédoine en dépend.

Quant aux voies de communication, il semble

que nous ayons tout avantage, non seulement à appuyer les demandes des autres puissances, mais à les centraliser, pour ainsi dire, par une initiative aussi favorable au prestige de notre politique et à la paix de l'Europe qu'à nos intérêts particuliers. Nous sommes de ceux sur lesquels comptent les Balkaniques : nos capitaux seraient éventuellement appelés à concourir pour une large part à la réalisation des divers projets.

Au réseau de chemins de fer devrait s'ajouter un réseau de routes qui en formerait le complément nécessaire et qui permettrait à la gendarmerie internationale de s'acquitter utilement de sa tâche.

Dans la pensée de l'auteur, les questions relatives aux voies de communication pourraient ressortir à un comité spécial siégeant à Salonique, ayant sa caisse, ses agents techniques. En fondant cette organisation avec celle qui existe déjà, on arriverait, en fait, à l'internationalisation de cette ville, de façon que ce point important, vers lequel convergent les intérêts de toutes les puissances, se trouverait soustrait aux intrigues et aux convoitises de telle ou telle d'entre elles. Et ce serait là, peut-être, le plus sûr moyen de sauvegarder l'intégrité de l'empire ottoman.

### En Asie occidentale.

La dernière partie de l'ouvrage est consacrée à la lutte des puissances dans l'Asie occidentale. Ici, notre auteur rejoint les beaux travaux de M. André Chéradame, de M. Victor Bérard et l'article de M. Paul Imbert sur le chemin de fer de Bagdad.

De même qu'en Europe, l'Allemagne a fait de la Turquie sa protégée et sa cliente, et considère les Échelles du Levant, qui étaient jadis un fief du commerce de Marseille, comme son domaine économique, de même, au delà du Bosphore, elle vise la voie la plus courte de l'Europe aux Indes et à l'Extrême-Orient, et elle entend réaliser ainsi le plan des Roscher, des Rodbertus : détourner son émigration, qui va se perdre en Amérique, vers ces contrées fertiles où brillèrent jadis les plus puissantes civilisations de la terre, aux bords des grands fleuves chaldéens.

M. René Henry voit dans le chemin de fer de Bagdad, moins un moyen de transport des marchandises par la coûteuse voie terrestre de l'empire allemand au golfe Persique, qu'un instrument de pénétration et de colonisation chez autrui, de mainmise économique et néo-impérialiste sur le salubre plateau d'Anatolie et la brûlante Mésopotamie, riche en mines et demain magique creuset agricole. Il s'attache à étudier les rapports qui s'établissent de ce fait entre l'Allemagne d'une part et d'autre part la Russie, l'Angleterre et la France.

\*
\* \*

On voit par ces quelques traits l'ampleur et la complexité des problèmes traités en ces deux volumes. Et maintenant, l'auteur nous en doit d'autres. Les transformations continuelles de ces trois régions, — austro-hongroise, balkanique et asiatique, — situées à des étapes différentes de la civilisation, mais traversées par un même courant, peuvent avoir des répercussions décisives sur l'avenir du monde et sur nos propres destinées. Nous attendons les deux volumes annoncés sur *Les Frontières welsches* et sur *Les Slaves du centre*. En continuant de prêter à ces questions vitales l'attention d'un patriotisme toujours en éveil, en consacrant à leur étude une expérience et un talent toujours grandissants, M. René Henry fera œuvre non seulement de bon Français, mais, comme l'a dit M. Anatole Leroy-Beaulieu dans une de ses éloquentes préfaces, de bon Européen[1].

1. *Le Temps*, 25 avril 1908.

# DISCOURS

PRONONCÉ A LA CHAMBRE DES DÉPUTÉS LE 19 JUIN 1908

## INTERPELLATIONS SUR LES AFFAIRES MAROCAINES

M. Paul Deschanel. — Messieurs, les événements récents ont créé une situation à certains égards nouvelle, sur laquelle il faut nous expliquer.

Mon honorable ami M. Gervais a demandé au gouvernement de vouloir bien nous faire connaître les instructions qu'il a adressées à M. le général d'Amade et à M. le général Lyautey. Je voudrais, à mon tour, préciser quelques points, afin que M. le ministre des Affaires étrangères puisse, s'il le juge à propos, me répondre en même temps qu'à notre honorable collègue.

Nous sommes arrivés, d'ailleurs, à un moment où chacun de nous, en cherchant à connaître les intentions du gouvernement et à s'éclairer sur l'avenir, doit aussi prendre ses responsabilités et dire nettement son opinion.

Au début d'une affaire si complexe, des flottements ont pu se produire, des erreurs même ont pu être commises; mais, à mesure que nous connaissons mieux les difficultés de la tâche, nous devons prendre aussi conscience plus nette de nos devoirs. La France désire savoir quels résultats elle doit attendre des sacrifices qu'on lui demande. Nous devons donc nous efforcer de dégager un programme plus précis.

Mes observations porteront sur les trois points suivants : en premier lieu, notre situation dans l'Ouest, du côté de l'océan Atlantique, à Casablanca et dans la région des tribus Chaouïas, qui environne cette ville; en deuxième lieu, notre situation dans l'Est, à la frontière d'Algérie; enfin notre situation dans le Sud.

### A l'Ouest : Sur l'Atlantique et dans la Chaouïa.

Mais d'abord, quelle doit être notre attitude dans la lutte entre le sultan Abd el Aziz et son frère? Le Maroc a pris certains engagements formels envers les puissances; les puissances ne peuvent que s'en tenir au traité qu'elles ont conclu avec lui. Abd el Aziz a signé au nom de son pays; Abd el Aziz a été considéré jusqu'ici par l'Europe comme le sultan légitime. On demandait l'autre jour à sir Edward Grey pourquoi il ne parlait pas à Moulay Hafid. « Parce que, répondit-il, nous ne pouvons pas reconnaître plus d'un souverain à la fois. »

En effet, le principe de notre intervention oblige les États étrangers à s'abstenir de toute participation à une guerre civile et à attendre l'issue de la lutte. Les populations musulmanes, en vertu de la loi coranique, choisissent le chef qu'elles veulent, pourvu qu'il appartienne à certaines familles. L'Europe n'a pas à se mêler de ce choix. Mais, quel que soit le sultan, il aura désormais envers le monde civilisé les mêmes obligations ; un prétendant, fût-il parvenu à imposer son autorité au Maroc tout entier, ne pourrait être reconnu par les puissances que s'il s'était d'abord soumis, en droit et en fait, aux clauses de l'acte qu'elles ont signé. (*Très bien! très bien!*)

Voyons maintenant la situation dans la Chaouïa.

Lorsque des Français furent massacrés à Casablanca et lorsque les colonies européennes y furent mises en péril, le gouvernement estima que la France, chargée par l'acte d'Algésiras d'une mission de police, ne pouvait laisser à aucun autre État le soin d'y rétablir l'ordre. Et le général d'Amade, à son tour, pensa que le seul moyen de garantir la sécurité de la ville était de protéger l'hinterland et d'assurer la liberté des communications. Il a déployé, dans l'exécution de cette tâche, des qualités militaires auxquelles tout le monde rend hommage. Il a atteint le contrefort des montagnes qui limitent la plaine ; puis, il s'est avancé jusqu'aux confins extrêmes de la région des Chaouïas, pour y achever les soumissions.

Sous la protection de nos armes, la plaine, qui est, vous le savez, très fertile et très bien cultivée, a commencé de se repeupler; les agriculteurs reprennent peu à peu possession de leurs demeures et de leurs champs; les affaires renaissent; les indigènes viennent à nos infirmeries; les pouvoirs locaux recommencent à fonctionner; enfin, les exportations de Casablanca ont doublé en un an.

Comme le rappelait très justement l'honorable M. Gervais, la Chambre et le gouvernement ont manifesté à maintes reprises leur résolution de ne pas dépasser les limites de la Chaouïa et de ne pas transformer notre occupation provisoire en annexion déguisée.

Je viens demander au gouvernement où en sont au juste les opérations militaires dans cette région et, si elles ne sont pas encore complètement terminées, ce qui reste à faire. Je lui demande quels moyens il compte prendre pour résoudre le difficile problème qu'il s'est proposé et qui peut se définir en ces termes : limiter notre effort sans en perdre le fruit. (*Mouvement.*)

Il ne manque pas, en effet, — il le sait mieux

que personne, — d'officiers de haut mérite et d'esprit pondéré, qui pensent qu'il sera extrêmement difficile d'endiguer le flot des combattants qui s'est retiré à la limite du pays cultivé et de ne pas être entraîné plus loin par des provocations et des attaques nouvelles.

Ils signalent notamment cette tribu des Medakra, les Zaïan, limitrophes de la Chaouïa, dont l'attitude a été jusqu'à présent indécise et qui dispose, dit-on, de 20,000 fusils.

Or, il n'est jamais entré dans l'esprit de la très grande majorité des membres de cette Chambre de pénétrer plus avant dans l'intérieur... (*Applaudissements sur divers bancs à gauche et au centre.*)

M. GROSDIDIER. — Vous avez raison.

M. PAUL CONSTANS. — Il est un peu tard.

M. PAUL DESCHANEL. — ... d'abord parce que nous sommes liés par des engagements internationaux et que nous entendons y rester fidèles, ensuite parce qu'un gouvernement, fût-il absolument libre de ses mouvements et résolu même à une conquête, ne prendrait sans doute pas la mer pour base d'opérations. Des ports où l'on ne peut débarquer plus d'un jour sur quatre ne sont pas des bases de ravitaillement très sûres. Ici, les leçons de l'histoire s'accordent avec la géographie.

D'autre part, il ne saurait être évidemment question non plus de retirer nos forces du jour au lendemain, sans précaution, sans préparation. Ce serait là un autre moyen de manquer à nos engagements envers l'Europe et à nos devoirs envers la civilisation: car ce serait livrer aux pires violences, au pillage, au massacre les tribus qui ont repris le travail; ce serait exposer la vie et les biens des Européens à tous les hasards.

Nous serions obligés d'y retourner le lendemain — nous, ou d'autres (*Mouvement.*) — dans des conditions beaucoup plus mauvaises. Et le moment serait, je le crains, mal choisi, alors que les succès de Moulay Hafid provoquent une effervescence qui se fait sentir jusqu'aux confins de l'Algérie; je ne dis pas pour replier une partie de nos forces sur Casablanca, mais pour les rembarquer.

Or, si, d'une part, nous ne voulons pas exposer les Européens et les indigènes aux périls certains qu'entraînerait un retrait trop hâtif de nos troupes, et si, d'autre part, nous devons envisager, à un moment choisi par nous, suivant les convenances de notre politique et les nécessités de la situation militaire, l'éventualité d'une réduction des charges que cette occupation impose à la France, il s'ensuit que nous devons prévoir dès maintenant l'organisation d'un régime de transition, afin d'assurer le lendemain. Quel pourrait être ce régime?

Cette vaste plaine est bordée d'un côté, à l'Ouest, par un fleuve, l'Oum er Rbia, qui a de l'eau en tous temps, des gués difficiles et qui, par donséquent, constitue une limite naturelle; de l'autre côté, à l'Est, par de vastes forêts qui s'étendent jusqu'à Rabat, et en profondeur par des montagnes en éventail, à double étage.

Ces montagnes, où se trouve située la ville de Settat, forment comme un balcon, — c'est le terme dont se servent couramment nos officiers et nos soldats, — d'où l'on domine toute la plaine. Quelques postes retranchés sur les crêtes peuvent isoler la plaine et permettre, si une attaque se produisait sur un point, d'y porter aussitôt des forces de soutien placées en arrière, entre les montagnes et la mer.

A l'abri de cette protection, nous pourrions, le jour où aucune surprise ne serait plus à craindre, commencer à incorporer quelques contingents marocains dans nos troupes d'Afrique, toujours commandées d'abord par des officiers et des sous-officiers français; puis, si l'expérience réussissait, l'étendre, de façon à pouvoir transformer graduellement nos troupes échelon par échelon.

Les Espagnols, dans leurs « présides », font faire la police locale par les Riffains : ce sont d'excellents soldats. Nous pourrions faire de même, à la condition de bien payer ces recrues; si nous leur donnons une solde insuffisante, nous n'aurons que la lie de la population.

Autour de ces premiers noyaux de police mixte, les chefs des tribus pourront organiser peu à peu, avec notre aide, leur propre protection.

Dans le cours des siècles, un seul peuple européen a réussi à faire au Maroc quelque chose de solide, c'est le Portugal.

M. Jaurès. — C'est d'heureux augure!

M. Paul Deschanel. — Vous savez bien que

les Portugais ont fait de très grandes choses au Maroc, et qu'ils ne l'ont abandonné que lorsque les Indes se sont ouvertes à leur ambition; mais je ne veux pas insister sur ces souvenirs historiques dans lesquels vous alliez m'entraîner.

Je disais que le Portugal est le seul peuple européen qui ait fait au Maroc œuvre durable, grâce à cette méthode qui consistait à faire organiser par les tribus elles-mêmes, en les y aidant, leur propre protection.

C'est un peu le même système que nous pourrions, je crois, essayer de renouveler en l'adaptant à la situation actuelle, au fur et à mesure que les circonstances le permettront.

Ces Berbères, qui sont d'excellents agriculteurs, éleveurs, commerçants, par cela même qu'ils habitent un pays très riche, ont, avant tout, besoin d'ordre et de paix. Ils auraient tout intérêt à aider les corps marocains chargés de les protéger.

Il ne faut pas oublier, d'ailleurs, que, il y a quelques années, les Chaouïas, exaspérés par les exactions des chefs nommés par le makhzen, se soulevèrent contre eux.

Et nous-mêmes, dès que les populations reprennent le travail, nous devons nouer avec elles des relations commerciales. Le jour où notre intendance, au lieu de faire venir de France certains approvisionnements, a commencé à acheter sur place les grains, le bétail, etc., elle a inauguré la meilleure des politiques, celle qui consiste à faire sentir aux populations les avantages économiques de notre présence.

Nous devons aussi perfectionner notre service de renseignements, insuffisant et trop dispersé jusqu'ici, afin de connaître exactement la composition, les besoins, l'esprit, les chefs de chacune des tribus auxquelles nous avons affaire, et aussi leurs divisions : car, vous le savez, chaque tribu marocaine est divisée en deux partis, en deux çofs, et le çof le plus faible a toujours eu une tendance à s'appuyer sur l'étranger. Il faut, toutes les fois que nous le pouvons, entrer en contact direct avec les tribus. Tout ce qui est donné à la négociation est ôté à la guerre.

D'une manière générale, nous n'avons pas assez d'agents ayant vécu longtemps au Maroc. Il n'est pas au monde un peuple plus difficile à manier que celui-là; il nous faudrait avoir un beaucoup plus grand nombre de fonctionnaires connaissant bien le pays et la langue.

Pour résumer cette première partie de mes observations, c'est là, à l'Ouest, du côté de l'Atlantique, qu'est pour nous la difficulté, parce que nous entendons accomplir la tâche que les puissances nous ont confiée dans certains ports, parce que nous ne pouvons abandonner en cours d'exécution l'œuvre de reconstitution sociale et économique que nous avons commencée dans la Chaouïa, parce que nous voulons nous arrêter à la limite que nous nous sommes nous-mêmes fixée et parce que nous ne voulons pas laisser derrière nous un pays à feu et à sang.

Or, nous ne pourrons y parvenir que par une transformation méthodique de nos forces, — sur l'avis des chefs militaires responsables, qui ont charge d'âmes, — et en même temps par une politique indigène éclairée, par des rapports suivis avec les tribus, rentrant peu à peu dans leurs fermes, dans leurs douars, reconstituant leurs pouvoirs locaux, leurs caïdats, profitant de plus en plus de la prospérité économique que nous commençons déjà à leur assurer et organisant avec notre aide leur propre service de sûreté. Tout cela est affaire de prudence, de sang-froid, d'à-propos. C'est ici surtout qu'on peut dire : « Le temps ne respecte rien de ce qu'on fait sans lui. » La question marocaine est affaire de patience et d'intérêt.

### A l'Est : Sur la frontière algéro-marocaine.

J'aborde maintenant le deuxième aspect de la question, l'ensemble des problèmes qui se posent à la frontière d'Algérie, au Nord, entre la Moulouya, l'Atlas et la Méditerranée.

Ici, la situation est toute différente. Nous avons un droit spécial reconnu par l'Europe. Les déclarations et les notes des 8 juillet et 28 septembre 1905, signées par M. Rouvier et le prince Radolin, portent que « les affaires de la frontière (c'est-à-dire marchés, postes de garde et de douane, police, contrebande des armes), sont réglées directement et exclusivement entre la France et le Maroc ».

Et, en effet, aucune de ces questions ne fut soumise aux délibérations de la conférence.

Nous avons conclu des accords particuliers avec le Maroc lui-même en 1845, en 1901 et en 1902. Nous sommes, depuis plus de soixante ans, en relations suivies avec toutes les fractions de la région frontière. 50,000 Marocains viennent chaque année en Algérie prendre part aux travaux des champs; ils en rapportent un salaire régulier et sont témoins de l'ordre, de la sécurité, de la richesse qui règnent sur notre territoire. Au lieu des barres difficiles et souvent infranchissables des ports de l'Océan, nous sommes chez nous, en Algérie. Enfin, nous ne sommes pas en pays soumis, en pays makhzen; nous sommes dans le Bled-Siba, c'est-à-dire en pays indépendant.

Sans doute, le makhzen est représenté à Oudjda, comme à Figuig, par un amel avec lequel nous entretenons de bons rapports et dont la présence symbolise les deux principes proclamés par l'acte d'Algésiras, la souveraineté du sultan et l'intégrité du Maroc; mais les populations ne payent pas d'impôt au makhzen. La principale influence est celle du rogui, qui est entouré d'un grand prestige religieux et dont l'autorité nominale s'étend depuis la frontière jusqu'à Taza et jusqu'aux portes de Fez.

Or, bien qu'en 1905 nos instructeurs français aient contribué à repousser l'attaque du rogui contre Oudjda, il n'a point paru jusqu'ici nous en garder rancune, il a continué de fréquenter des négociants d'Oran et d'Alger. C'est ainsi que l'opération contre les Beni-Snassen fut localisée et qu'aucune action ne fut dirigée contre Oudjda pendant que nos troupes étaient dans la montagne.

D'autre part, Bou-Amama, qui se trouve avec sa zaouïa à 60 kilomètres environ d'Oudjda et à une distance à peu près égale de la Moulouya, a reconnu l'autorité du rogui. Son fils vient souvent en Algérie; sa zaouïa fait bon accueil à nos officiers et à nos médecins, pourvu qu'ils se présentent sans troupes, avec l'escorte de quelques cavaliers indigènes.

Comment expliquer, dans ces conditions, le

soulèvement des Beni-Snassen ? Ce soulèvement — il faut nous le rappeler pour l'avenir — fut provoqué par une erreur de conduite, par la manière dont avait été conçue et réalisée, après le meurtre du docteur Mauchamp, l'occupation d'Oudjda.

Voici comment s'exprimait sur ce point M. Jonnart, le 27 août, dans une dépêche à M. le ministre des Affaires étrangères, insérée au Livre jaune :

« Les rapports qui me sont adressés par nos autorités militaires et ceux du commissaire du gouvernement à Oudjda s'accordent à reconnaître les inconvénients qui résultent pour notre situation dans l'amalat des limites trop étroites dans lesquelles les instructions du gouvernement ont renfermé l'action de nos troupes. L'interdiction qui leur a été signifiée de rayonner au delà de 10 kilomètres d'Oudjda pourrait les mettre dans une situation critique le jour où nos adversaires, de plus en plus enhardis par cette prudence excessive, arriveront à rallier contre nous tous les hésitants. Il serait nécessaire alors de faire une manifestation plus imposante, tandis qu'actuellement il suffirait à nos troupes de se montrer de temps à autre dans le voisinage des populations remuantes pour les tenir en respect. L'expérience de ces dernières années dans le Sud Oranais est absolument concluante à cet égard. Je puis certifier, en m'appuyant sur cette même expérience, qu'en laissant au commandant de la colonne d'Oudjda cette latitude indispensable, on n'aurait à redouter aucun entraînement irréfléchi, aucune surprise. »

En effet, c'était une erreur de croire qu'en occupant Oudjda, nous pourrions y rester comme dans une île ou à bord d'un vaisseau cuirassé. Par cela même que nous occupions la ville, nous nous trouvions mêlés à toutes les affaires de l'amalat, qui y aboutissent.

Les populations nous avaient accueillis d'abord en libérateurs. Pillées, pressurées de toutes parts, elles s'attendaient à vivre enfin tranquilles. Les caïds de la plupart des tribus voisines de la frontière étaient venus nous rendre hommage. Mais, comme nous ne pouvions répondre à leurs avances, leurs ennemis se mirent à parcourir le massif des Beni-Snassen, molestant les amis de la France et leur imposant de lourdes amendes. Le parti qui s'était déclaré en notre faveur s'exposait à des représailles si nous restions indifférents et, pour se faire pardonner par ses coreligionnaires, il ne devait pas tarder, une fois convaincu de notre inertie, à faire cause commune avec eux, contre nous.

De là, la presque unanimité des Beni-Snassen dans le soulèvement du mois de novembre. Il y avait là un parti qui nous était favorable; mais nous l'avions découragé et déconcerté. Les Beni-Snassen, enhardis par notre inaction, vinrent nous attaquer jusque sur notre territoire, et c'est alors que le général Lyautey fut chargé de l'opération qui eut un plein succès.

Il faut que de tels faits ne puissent pas se renouveler, et, pour qu'ils ne se renouvellent pas, il y a une condition essentielle, c'est l'unité de direction. (*Très bien! très bien!*)

J'ai pu me rendre compte par moi-même comment des hommes distingués, intelligents, patriotes et, chose curieuse, d'accord sur le but et sur les moyens essentiels de l'atteindre, ne s'entendaient pas, uniquement parce qu'ils étaient à une heure les uns des autres des deux côtés d'une frontière et parce qu'ils relevaient d'administrations et de pouvoirs différents.

Le gouvernement a nommé un haut commissaire chargé de régler, d'accord avec un haut commissaire marocain, toutes les affaires de la région frontière; mais dans quelles conditions? Notre haut commissaire correspond-il directement avec M. le ministre des Affaires étrangères? (*M. le ministre des Affaires étrangères fait un signe affirmatif.*)

Vous me faites un signe d'assentiment, je vous en remercie. C'est là une condition essentielle. Une fois que vous avez choisi l'homme, que vous lui avez donné vos instructions, que vous l'avez imprégné des nécessités de votre politique, il ne faut pas que des autorités éloignées puissent traverser et contrarier ses desseins. (*Très bien! très bien!*)

Ces affaires doivent être réglées sur place par les hommes qui connaissent à fond le pays; ceux qui ont les responsabilités doivent avoir aussi l'autorité, dans le cadre des instructions ministérielles. La direction doit être une, parce que là, la politique et la police ne font qu'un et chaque opération de police doit être précédée d'une tractation. Dans toute la région inférieure et dans toute la région moyenne de la Moulouya, — si nous ne touchons pas aux Berbères de l'Atlas, — nous pourrons rétablir les courants commerciaux par une politique indigène active.

Et cette politique d'entente avec les tribus, avec les influences religieuses ne veut pas dire administration directe : nous n'avons pas à imposer à ces populations des liens administratifs et des obligations fiscales dont elles ne veulent pas.

Gardons-nous de retomber dans les fautes que nous avons si souvent commises depuis soixante ans. Car, il semble, en vérité, que nous nous soyons ingéniés à nous créer à nous-mêmes des obstacles, lorsque, par exemple, en 1834 et en 1837, nous avons reconnu, à tort, l'autorité d'Abd el Kader sur de vastes territoires, pour les reprendre ensuite; ou bien lorsqu'en 1845, traitant avec le Maroc comme avec un État constitué à l'européenne, au lieu d'y voir ce qu'il est en effet, une poussière d'hommes, une mosaïque de tribus, nous avons pris pour frontière une ligne qui ne répondait à aucune réalité et qui coupait arbitrairement les tribus; ou lorsqu'en Algérie nous avons nous-mêmes islamisé les Kabyles; ou bien enfin lorsque nous paraissons confondre les Berbères avec les Arabes, c'est-à-dire une démocratie décentralisée à l'extrême avec une aristocratie plus ou moins unitaire. De même ici, nous n'avons pas à faire d'un pays indépendant un pays soumis et administré, (*Très bien! très bien!*) nous avons à garantir la tranquillité de la région et à y développer les échanges.

En appliquant les accords de 1901 et de 1902, nous devrons faire en sorte de les adapter à la situation présente. Ainsi, il est question de créer un marché à Oudjda. Ne serait-ce pas faire une concurrence ruineuse à celui de Marnia, sans aucun profit pour notre pénétration économique au Maroc, étant donnée la faible distance qui sépare les deux localités ? Deux centres commerciaux importants ne se développeront pas si près l'un de l'autre. Ne serait-il pas préférable d'obtenir d'abord la création de marchés prévus par l'accord de 1901 à Sidi-Mellouk et à Debdou, qui jalonnent la voie commerciale de Marnia à Fez, par Taza ?

Notre pénétration économique au Maroc ne doit pas se faire aux dépens des marchés algériens; ceux-ci doivent, au contraire, être les premiers à en bénéficier. Nous devons leur assurer une clientèle de plus en plus nombreuse venant de régions de plus en plus éloignées, grâce à la sécurité que nous y apporterons.

Ainsi, garantir aux populations situées entre la Moulouya, l'Atlas et la frontière, l'ordre, la paix, la tranquillité, qui permettent le travail et qui donnent la richesse, là est d'abord notre tâche, et cette tâche doit, à mon sens, être poursuivie par la politique d'entente, de collaboration, dont je viens d'esquisser les grandes lignes. (*Très bien ! très bien !*)

### Dans le Sud-Oranais.

J'arrive enfin aux questions du Sud.

L'article 1er de l'accord du 20 avril 1902 porte :

« Le gouvernement français établira son autorité et la paix dans les régions du Sahara et le gouvernement marocain l'y aidera de tout son pouvoir. »

Lorsque, à la faveur des troubles récents, la harka de Moulay Lhassen se forma à Bou-Denib, le texte que je viens de lire nous donnait le droit, nous faisait même un devoir d'intervenir aussitôt; c'eût été le seul moyen d'éviter l'effusion du sang et d'inutiles sacrifices de vies.

Représentez-vous ces populations de l'extrême Sud, ces populations françaises de Colomb-Béchar, de Beni-Ounif, suivant d'heure en heure la marche de l'ennemi, vivant jour et nuit sur le qui-vive, en de perpétuelles alertes ; représentez-vous nos officiers, nos soldats obligés d'attendre, l'arme au pied, l'agresseur. Vous savez le reste : par une nuit de lune, la harka fait 25 kilomètres à marche forcée; puis le matin, au moment où la lune disparait, les Marocains, nus, le couteau aux dents, rampent dans l'herbe, enlèvent notre avant-poste de Sahariens et se ruent sur notre camp, jusque dans la tente de nos officiers endormis.

Eh bien ! était-il prudent de laisser ainsi à une colonne d'attaque dont on savait dès longtemps tous les mouvements, le choix de l'heure ? C'est là une mauvaise méthode. Il faut y renoncer. Tous les hommes qui connaissent bien ces régions sont d'accord : lorsqu'un rassemblement se forme pour l'attaque, lorsque des hostilités se préparent, le vrai moyen d'éviter des rencontres meurtrières et d'épargner la vie non seulement des Français, mais des Marocains eux-mêmes, c'est de mettre le rassemblement qui commence à se former dans l'impossibilité de nuire et, s'il se peut, de le cerner sans coup férir, comme l'a fait, au Nord, le général Lyautey pour les Beni-Snassen, lorsqu'il fut autorisé à les réduire. Ici, vraiment, notre excessive réserve fut témérité.

Au moins faut-il que la leçon nous serve et que nos sacrifices ne demeurent pas inutiles. Des postes, formés de troupes indigènes et de légion étrangère, ont été établis à Bou-Denib et à Bou-Anan. Ces postes surveillent le Tafilalet et commandent les grandes routes de l'Ouest. Nous pourrons les transformer plus tard en postes de police mixte. Nous devons donner aux pillards l'impression d'une force toujours redoutée et apparaître au contraire aux tribus commerçantes comme les adversaires implacables des razzias; enfin avoir pour principe invariable de toujours prévenir le combat plutôt que de le livrer. (*Très bien! très bien!*)

C'est ainsi que nous pourrons assurer peu à peu l'exécution de l'accord de 1902 en ce qui concerne les régions sahariennes.

Voilà, messieurs, soit pour la Chaouïa, soit pour la frontière Nord, soit pour le Sud, non certes un programme, — comment se flatter de tracer un programme dans un pays où les changements sont si fréquents et si brusques? — mais quelques idées que je livre aux réflexions de la Chambre et du gouvernement.

J'espère que, sur les points essentiels, elles concorderont avec leurs vues.

Dans ce cadre parfaitement conforme à nos engagements envers l'Europe et à nos accords avec le Maroc lui-même, nous pourrions, ce me semble, laisser aux hommes investis de la confiance du gouvernement le choix des moyens et la liberté de leurs mouvements. Nous avons là des hommes éminents, chacun en son genre, Amade, Bailloud, Lyautey, hier encore Philibert. (*Applaudissements.*) Et eux-mêmes ont sous leurs ordres des troupes incomparables, (*Applaudissements.*) ces marins qui, dans une mer si dure, dans une des régions les plus inhospitalières du globe, ont fait preuve d'une si admirable endurance, et nos troupes d'Afrique. (*Nouveaux applaudissements.*)

Il faut avoir vu de près ces soldats, il faut avoir causé avec ces blessés impatients de reprendre le service, il faut avoir senti ce frémissement de vaillance et d'enthousiasme, pour savoir ce que la France peut attendre de son armée d'Afrique! (*Vifs applaudissements.*)

Je le dis sans faux orgueil, il n'y a pas au monde troupes plus disciplinées, plus brûlantes de courage et de patriotisme. (*Appaudissements.*)

Et ces officiers, ces soldats nous sauront gré, j'en suis sûr, de confondre dans l'hommage que nous leur rendons les nobles femmes qui sont allées leur porter là-bas leurs soins et tout leur cœur. (*Applaudissements.*) Ce ne sont pas seulement les blessés, les malades, qu'elles animent de leur souffle, c'est toute l'armée, c'est aussi la population civile, témoin de leur dévouement. Elles élèvent tout ce qui est autour d'elles ; elles jettent sur cette terre d'héroïsme un rayon de beauté morale et de poésie. Qu'elles en soient remerciées au nom de la France ! (*Nouveaux et vifs applaudissements.*)

Et maintenant, pourquoi ces efforts, nous dit-on ? Pourquoi ces sacrifices ?

Parce que nous sommes en Algérie et qu'il faut à l'Algérie un Maroc tranquille et libre ; parce que nous sommes une grande puissance musulmane ; parce que nous exerçons notre autorité sur 6 millions d'indigènes, tout proches des populations marocaines par la race, la langue, la religion et sensibles à tous les mouvements que peuvent provoquer les désordres de l'empire chérifien ; parce qu'enfin nous avons au Maroc une situation économique qui met nos intérêts au premier rang. Du jour où nous avons mis le pied en Algérie, nous ne pouvions plus ignorer le pays voisin. (*Applaudissements.*)

Cela, personne ne le conteste. En 1904,

M. Jaurès parlait ici même du « protectorat économique et moral de la France au Maroc », et l'année suivante, il disait : « L'Allemagne ne peut pas ne pas comprendre que notre situation en Algérie et dans la Méditerranée nous donne des droits et des moyens particuliers d'exécution au Maroc. »

Tous les arguments, toutes les objections qu'on élève aujourd'hui contre notre action très limitée au Maroc — car, encore une fois, il ne s'agit pas d'entreprendre une conquête nouvelle, il s'agit simplement de garder notre conquête ancienne, notre conquête d'Algérie, il s'agit de mesures conservatoires, — toutes ces objections, on pouvait les élever avec bien autrement de force contre notre occupation de l'Algérie, contre notre occupation de la Tunisie. Et on l'a fait.

Ah ! les débats de ces temps sont curieux à relire.

C'est M. Desjobert qui disait en 1837 :

« Que retirerez-vous de tant de sacrifices ? Rien : car nos armes portent partout la ruine. Un homme raisonnable et ami de son pays ne peut prêter son concours à un pareil système. »

C'est Dupin qui disait en 1834 :

« Il n'est pas de paysan français possédant un quart d'arpent autour de sa maison qui consentît à aller à Alger, alors qu'on lui offrirait un millier d'arpents. Quand toute votre plaine de la Mitidja serait cultivée, quel avantage en résulterait-il pour la France ? Il faut hâter le moment de libérer la France d'un fardeau qu'elle ne pourra et ne voudra pas supporter longtemps. »

C'étaient même de très grands esprits, c'était Lamartine, si clairvoyant pourtant en tant de choses, qui s'écriait : « Il faut fermer cette plaie », qui traitait les ministres de coupables et qui refusait les crédits.

Et plus tard, pour la Tunisie, n'étaient-ce pas les mêmes accusations qu'aujourd'hui : tripotages, affaires véreuses, spéculations malhonnêtes ?

Eh bien ! l'histoire a jugé ! (*Applaudissements.*) Si cette politique avait prévalu, d'autres seraient à Alger, d'autres à Bizerte; ces rivages, en face de nous, cette Méditerranée seraient à tout le monde, excepté à la France! Qui oserait dire aujourd'hui que nous ayons eu tort et que nos sacrifices aient été stériles? Non! ils ne sont pas tombés en vain, ceux qui nous ont légué ce splendide héritage! (*Nouveaux et vifs applaudissements.*)

Je viens de revoir l'Algérie et la Tunisie. Comment n'être pas pénétré d'admiration et de reconnaissance pour l'œuvre accomplie là-bas depuis vingt ans! Sans doute, il faut faire la part des sacrifices consentis par la mère patrie; sans doute, il faut tenir compte de l'appoint espagnol et de l'appoint italien; mais notre établissement dans l'Afrique du Nord — les étrangers eux-mêmes le proclament — n'en est pas moins une des œuvres les plus magnifiques de notre magnifique histoire. Et qui sait? c'est peut-être là qu'un jour, sous une forme ou sous une autre, nous trouverions les soldats qui nous manquent. C'est de là peut-être que, dans une heure de péril suprême, pourrait venir le salut! (*Nouveaux applaudissements.*)

Eh bien! nous devons compte à nos fils de l'œuvre de nos pères; nous devons veiller sur les approches de cette France nouvelle!

Oui, la question marocaine devra être résolue au profit de la civilisation tout entière, au profit du commerce égal de toutes les nations. Mais la France ne saurait permettre qu'elle soit tranchée à ses dépens ; ses intérêts, ses droits, que tout le monde reconnaît, ne sauraient être mis en péril. Ils ne le seront pas, puisqu'ils sont sous la garde de votre patriotisme !

J'attends votre réponse avec confiance. (*Applaudissements vifs et répétés.*)

# DISCOURS

PRONONCÉ A LA CHAMBRE DES DÉPUTÉS LE 26 NOVEMBRE 1908

## BUDGET DES AFFAIRES ÉTRANGÈRES

M. Paul Deschanel, *rapporteur*. — Messieurs, je dois d'abord, comme rapporteur du budget des Affaires étrangères, vous dire brièvement où en est le plan de réformes que la commission du budget, sur ma proposition, avait adopté en 1906, que M. Léon Bourgeois avait amorcé et que M. Pichon poursuit.

Je vous demanderai ensuite la permission de présenter quelques observations sur la politique française dans la crise orientale.

M. Jaurès. — Très bien, parlez !

M. le rapporteur. — Il y a deux choses à

# DISCOURS

PRONONCÉ A LA CHAMBRE DES DÉPUTÉS LE 26 NOVEMBRE 1908

## BUDGET DES AFFAIRES ÉTRANGÈRES

M. Paul Deschanel, *rapporteur*. — Messieurs, je dois d'abord, comme rapporteur du budget des Affaires étrangères, vous dire brièvement où en est le plan de réformes que la commission du budget, sur ma proposition, avait adopté en 1906, que M. Léon Bourgeois avait amorcé et que M. Pichon poursuit.

Je vous demanderai ensuite la permission de présenter quelques observations sur la politique française dans la crise orientale.

M. Jaurès. — Très bien, parlez !

M. le rapporteur. — Il y a deux choses à

considérer dans l'œuvre de réformes que nous poursuivons au ministère des Affaires étrangères : la refonte de l'administration centrale et la réforme des services extérieurs.

La réorganisation de l'administration centrale est entrée en vigueur au commencement de l'année.

Les affaires d'un même pays, d'une même région ne sont plus dispersées, comme auparavant, entre des bureaux différents. Un même service les embrasse tout entières et les traite dans leur ensemble.

Le travail considérable nécessité par le reclassement de tous les dossiers a été accompli méthodiquement, sans à-coups. Les commerçants apprécient les résultats pratiques de l'organisation nouvelle.

Sans doute, d'autres améliorations pourront être réalisées encore. Mais M. le ministre désire observer pendant quelque temps le fonctionnement des services dans leur forme nouvelle avant d'y apporter des retouches. L'année prochaine, nous lui soumettrons les remarques que l'expérience nous aura suggérées et, si elles concordent avec les siennes, de nouveaux progrès pourront être accomplis, soit au point de vue du personnel, soit au point de vue des crédits, soit même au point de vue de la répartition de certains services.

Mais, telle qu'elle est, la réforme de l'administration centrale constitue un progrès certain, en réalisant le principe essentiel que nous avions posé : permettre à chaque service de traiter les questions d'une façon complète.

Voyons maintenant les services extérieurs.

### Les Services extérieurs du Ministère des Affaires étrangères.

M. le ministre a répondu à nos désirs en proposant la création de six emplois d'attachés commerciaux...

M. PLISSONNIER. — Il n'y en a pas assez.

M. LE RAPPORTEUR. — Si vous voulez nous accorder de nouveaux crédits, nous en serons heureux.

... et en instituant un concours pour l'admission des élèves vice-consuls.

Nous espérons que le Sénat adoptera bientôt le projet de loi relatif aux attachés commerciaux. Nous suivrons les effets de cette création et nous pourrons la développer au fur et à mesure des résultats obtenus et des disponibilités financières.

Vous aviez été frappés, messieurs, de l'insuffisance des conditions mises au recrutement des élèves vice-consuls, qui sont appelés à composer la plus grande partie de nos cadres consulaires. Autrefois, on ne demandait aucune condition d'entrée. Puis, on exigea un diplôme de bachelier. Ensuite, on a réservé la moitié des places vacantes aux élèves diplômés des écoles de commerce. Mais ces améliorations ne donnaient pas à l'État toutes les garanties qu'il est en droit d'exiger de ses consuls. Un décret du 11 juin dernier a institué un concours, dont les épreuves, d'ailleurs faciles, permettront de faire un choix parmi les candidats et de relever le niveau général des cadres.

Mais notre principal effort a porté, cette année, sur la revision des postes.

J'avais donné, l'année dernière, les résultats de l'enquête poursuivie sur chaque poste et indiqué ceux qui pourraient être supprimés ou réduits.

M. le ministre a consulté de nouveau tous nos agents sur mes propositions, et vous trouverez leurs réponses dans mon rapport de cette année. Chaque poste a donc été soumis à une série d'examens successifs et minutieux; chaque cas a été en quelque sorte passé au crible; et lorsque tout le monde est d'accord pour reconnaître qu'un poste est inutile ou excessif, même celui qui l'occupe, il y a des chances pour que nous puissions le supprimer ou le réduire sans inconvénient.

Il est entendu que ces suppressions ne devront être opérées qu'en tenant compte de la situation des agents et des droits acquis. Mais je prie la Chambre, au nom de la commission du budget, de vouloir bien décider dès maintenant par un vote, en principe, la suppression des postes dont je vais donner les noms.

La plupart de ces postes pourront être transformés en agences consulaires ou rattachés à d'autres circonscriptions. Les voici :

*Belgique.* — Deux vice-consulats à supprimer : Ostende et Mons.

*Espagne.* — Trois consulats : Saint-Sébastien, Carthagène, Las Palmas, et six vice-consulats : La Corogne, Tarragone, Alicante, Palma, Alméria, Cadix.

*Italie.* — Deux consulats : Florence et Cagliari, et quatre vice-consulats : Vintimille, Coni, Venise, Messine.

*Suisse.* — Un consulat, à Zurich, répondrait mieux à nos intérêts qu'un consulat général, et suffirait à en assurer la protection.

Je vous demande pardon de vous infliger cette nomenclature...

*Voix nombreuses.* — Elle est très intéressante !

M. LE RAPPORTEUR. — ... mais il importe que chacun de vous puisse faire ses observations, les ajouter à toutes celles que nous avons déjà recueillies et nous faire profiter de son expérience.

*Autriche-Hongrie.* — La transformation de Trieste en consulat et de Fiume en vice-consulat répond, de l'avis même des agents, à la situation occupée par la France et permettrait d'y assurer la défense de nos intérêts.

*Bulgarie.* — Un consulat à supprimer : Philippopoli, et deux vice-consulats : Roustchouk et Bourgas.

*Grande-Bretagne.* — Deux consulats : Gibraltar et Malte, et trois vice-consulats : Manchester, New-Port, Swansea.

*Grèce.* — Un consulat : Corfou.

*Pays-Bas.* — Un consulat général : Amsterdam.

*Roumanie.* — Deux vice-consulats : Constantza et Jassy.

*Turquie.* — Un consulat : Monastir, et neuf vice-consulats : Andrinople, les Dardanelles, Angora, Siwas, Van, Marache, Tripoli de Syrie, Jaffa et Rhodes.

*Russie.* — Un consulat : Helsingfors, et un vice-consulat : Bakou.

*En Asie.* — Trois consulats : Tchéfou, Fou-Tchéou, Rangoon.

*En Amérique.* — Quatre vice-consulats : Galveston, Honolulu, Saint-Jean-de-Terre-Neuve, Tampico.

En résumé, la revision des postes paraît devoir aboutir à la suppression de 1 consulat général, de 14 consulats et de 33 vice-consulats, ce qui nous permet de prévoir une économie de 650,000 francs environ.

Nous attendons encore d'autres ressources de la réforme du tarif des chancelleries.

Pour se conformer à la proposition de résolution que vous avez votée l'année dernière, M. le ministre a nommé une commission chargée d'étudier ce problème, et les procès-verbaux de ses premières séances montrent ce que nous pouvons en espérer.

Une première mesure, qui pourra être appliquée dès l'année prochaine, est l'inscription obligatoire des Français aux chancelleries de nos consulats dans le délai d'un mois après leur arrivée, avec surtaxe de 1 franc pour chaque acte requis par un Français non inscrit ou qui, ayant changé de domicile, n'aurait pas notifié sa nouvelle adresse. C'est ce que fait l'Allemagne; c'est ce que nous faisons déjà nous-mêmes en Espagne, en Suisse et dans les pays où, comme à Hambourg, les règlements de police exigent l'inscription obligatoire des étrangers.

Cette mesure aura le triple avantage d'augmenter nos recettes, d'être utile aux familles et de favoriser notre commerce d'exportation. Le consul, ayant sous les yeux la liste de tous les commerçants ou représentants de commerce de sa colonie, pourra les indiquer aux maisons françaises qui lui demanderont des représentants ou des correspondants. En groupant nos nationaux autour de leur consulat par l'inscription obligatoire, nous créerons dans chaque colonie une petite France commerciale. Pour ne citer qu'un exemple, notre consulat du Caire réalisera de ce chef, chaque année, une recette de 30,000 à 40,000 francs.

Nous ferons aussi payer des droits plus élevés pour les actes requis en dehors des heures de bureau, comme le font les Anglais et les Américains. Aujourd'hui, nos agents sont presque toujours obligés de viser les pièces de navigation en dehors des heures de bureau, parce que les courtiers maritimes commencent leur tournée par les consulats étrangers, qui exigent une surtaxe, et la finissent par le nôtre, qu'ils savent être à leur disposition à n'importe quelle heure et sans surtaxe.

Enfin, nous avions proposé un régime de réciprocité à l'égard des étrangers, c'est-à-dire l'application aux étrangers, pour la délivrance des actes de chancellerie, de droits égaux à ceux que leurs consuls exigent en France de nos compatriotes.

En ce qui concerne les taxes de navigation, nous ne pouvons appliquer un régime de réciprocité à la plupart des pays avec lesquels nous sommes liés par des traités fondés sur l'assimilation du pavillon; mais toutes les taxes imposées aux navires français par notre tarif peuvent être appliquées aux navires de ces puissances, et rien, dans les traités en vigueur, ne fait obstacle à l'augmentation des autres taxes perçues dans nos chancelleries pour les actes qui intéressent les étrangers, ni à l'adoption d'un tarif de réciprocité.

Une enquête a été poursuivie cet été auprès de nos consulats et auprès des Chambres de commerce. Cette enquête a démontré que certains pays obtiennent de l'application de leur tarif de chancellerie des recettes suffisantes pour alimenter la moitié des crédits affectés à leur budget des Affaires étrangères. On peut citer une grande puissance qui se procure, notamment par des taxes consulaires sur les étrangers, leur marine, leurs marchandises, plus de 9 millions de recettes annuelles, alors que notre tarif de 1875 nous donne 1,400,000 francs, fournis presque en totalité par notre marine marchande et nos nationaux !

Les résultats de cette enquête sont entre les mains de la commission, qui ne tardera pas à aboutir, et toutes ces réformes pourront être appliquées dès l'an prochain. Vous voyez combien nous devons nous féliciter d'avoir posé ce problème.

La commission du budget exprime le vœu que les recettes obtenues, d'une part au moyen de la suppression et de la réduction des postes inutiles ou excessifs, d'autre part au moyen de la revision des tarifs de chancellerie, soient consacrées à l'augmentation graduelle des traitements des élèves vice-consuls, en commençant par les plus anciens, puis à la création de postes nouveaux.

Enfin, nous demandons de nouveau à M. le ministre de nous apporter le plus tôt possible un statut de la carrière diplomatique et consulaire.

Le 4 décembre dernier, le Conseil des ministres a décidé d'insérer dans un projet de loi les garanties d'ordre général acceptées par les différents ministères et de confier à chaque administration la rédaction du statut relatif à ses agents spécialisés non assimilables à ceux des autres administrations. Il appartient donc au ministère des Affaires étrangères d'établir à part le statut spécial des diplomates et des consuls composant les services extérieurs.

Fixation précise des conditions d'entrée et d'avancement; règles uniformes applicables à tous les agents; définition exacte des droits et des devoirs, afin que chacun sache exactement ce à quoi il a droit et ce à quoi il lui est interdit de prétendre; règles fixes pour l'organisation matérielle des postes et pour les traitements et indemnités attachés, soit à la fonction, soit au poste, en tenant compte de la variation du prix de la vie dans les différentes parties du monde; surtout garanties contre les entrées arbitraires et assimilation de la carrière consulaire à la carrière diplomatique, toutes deux ayant des droits égaux : ces mesures donneraient au personnel diplomatique et consulaire les garanties qu'il attend depuis trop longtemps et dont il est digne.

Nous ne saurions apprécier les résultats obtenus par la politique étrangère de la République, sans faire la part de l'effort patriotique et désintéressé des agents de tout grade qui y ont collaboré. (*Très bien ! très bien !*) Ce personnel, parfois si méconnu, donne, sur tous les points du monde où il représente le pays, des preuves d'un dévouement à ses devoirs et d'une probité professionnelle que nous ne saurions trop reconnaître et auxquels je tiens à rendre hommage devant vous. (*Applaudissements.*)

J'ai l'honneur de demander à la Chambre, comme conclusion de cette première partie de mes observations, de vouloir bien inviter M. le ministre des Affaires étrangères à :

1° Supprimer ou réduire les postes indiqués par la commission du budget, en respectant les droits acquis ;

2° Hâter les travaux de la commission de réforme des tarifs de chancellerie;

3° Déposer un projet de loi concernant les garanties générales indispensables à la carrière diplomatique et consulaire.

J'arrive maintenant, messieurs, aux affaires d'Orient.

### La Révolution ottomane.

L'année qui s'achève a vu se dérouler en Orient les événements les plus graves qui s'y soient produits depuis le traité de Berlin.

Vous vous rappelez cette série de coups de théâtre :

Vers la fin de janvier, le baron d'Æhrenthal s'écarte de la politique de Muerzsteg qui, depuis 1897, avait maintenu le *statu quo* dans les Balkans par l'entente de l'Autriche et de la Russie, et annonce à la délégation hongroise qu'il a obtenu du sultan un iradé autorisant l'étude de la ligne de Mitrowitza, qui doit mettre l'Autriche-Hongrie en communication directe avec Salonique et avec le Pirée.

A quoi la Serbie riposte par le projet « Danube-Adriatique », qui est appuyé par la Russie, l'Italie et la France.

En juillet, éclate la révolution ottomane, cette révolution qui, par son calme, sa dignité, sa noble sagesse, conquiert non seulement l'estime et les sympathies, mais l'admiration du monde civilisé. (*Applaudissements.*) Dès le lendemain, la question de Bosnie et d'Herzégovine est posée par la presse autrichienne.

L'annexion n'a pu surprendre les chancelleries, puisqu'elle était ouvertement discutée à Vienne dès la fin de juillet, et puisque, d'ailleurs, il y a bien des années déjà, certains hommes d'État étrangers, en des propos que je rapportais ici même en 1903, avaient déclaré que le traité de la Triple-Alliance impliquait de nouvelles extensions de l'Autriche vers le Sud-Est.

Puis, ce furent la visite du prince Ferdinand à l'empereur d'Autriche, la proclamation de l'indépendance bulgare, l'annexion de la Bosnie et de l'Herzégovine, enfin les négociations entre les puissances et le voyage de M. Iswolsky de capitale en capitale.

Dans ces négociations, la France a joué un rôle de médiatrice. Elle s'est efforcée d'empêcher la guerre. Elle a fait entendre des conseils de modération à Constantinople, à Sofia, à Belgrade. Elle est intervenue tour à tour entre la Turquie et la Bulgarie, entre l'Autriche et l'Angleterre, entre la Russie et l'Autriche. Elle a essayé d'accorder l'Europe. Noble rôle, digne d'une grande puissance pacifique.

Mais cela est le passé. Il s'agit de savoir ce que nous devons faire maintenant. Il s'agit de savoir quelle doit être notre attitude, d'une part à l'égard de la Turquie, d'autre part à l'égard de la Serbie et du Monténégro.

Messieurs, la révolution turque est un facteur nouveau et décisif de la politique internationale; elle a amené un changement profond dans la politique extérieure aussi bien que dans la politique intérieure de l'empire.

La Turquie nouvelle s'est naturellement tournée vers la France et l'Angleterre. Nous devons resserrer les liens qui nous unissent à l'empire ottoman (*Applaudissements à l'extrême gauche et à gauche.*) et donner notre appui au nouveau régime. (*Nouveaux applaudissements sur les mêmes bancs.*) Sa modération ne méritait certes pas les surprises qui l'ont assailli.

M. François Deloncle. — Très bien ! très bien !

M. le rapporteur. — Il les a supportées avec une confiance dans l'équité de l'Europe, une foi dans les sympathies de la France et de l'Angleterre, que nous n'avons pas le droit de décevoir. (*Applaudissements sur les mêmes bancs.*) Au surplus, si nous ne savions pas garder à Constantinople la place que les événements viennent de nous y faire, d'autres, n'en doutez pas, sauraient bientôt la prendre. (*Très bien ! très bien ! à gauche et à l'extrême gauche.*)

Le nouveau gouvernement connaît les difficultés de sa tâche, difficultés de tout ordre et, en particulier, celles qui résultent de la diversité des races, des religions et des langues.

Réaliser l'entente entre les musulmans et les chrétiens et l'entente entre les chrétiens eux-mêmes, et cela dans l'égalité, tel est le grave problème qu'il doit d'abord résoudre.

Aider la Turquie rénovée à sortir plus robuste de la crise actuelle, plus capable de maintenir l'intégrité de ses possessions resserrées et de développer sa prospérité économique, c'est là, pour la France, le meilleur moyen de poursuivre sa politique traditionnelle en Orient, d'assurer le maintien de la paix et de mettre fin à l'oppression sanglante qui, depuis des siècles, a été une cause perpétuelle de troubles et de guerres. (*Applaudissements.*)

La révolution ottomane a été un mouvement national en même temps que libéral. Aussi le parti jeune-turc a-t-il exprimé le désir de voir disparaître les organes de l'intervention étrangère en Macédoine.

Or, ce sont justement les trois provinces dans lesquelles s'est exercée l'intervention étrangère qui ont donné le signal de la révolution ; d'abord, parce que la présence des agents étrangers y avait fait obstacle à l'espionnage et à l'arbitraire qui, ailleurs, étouffaient l'essor du parti jeune-turc ; puis, parce que le gouvernement ottoman s'était vu obligé, par la surveillance que l'Europe exerçait en Macédoine, d'y grouper ses fonctionnaires et ses officiers les plus éclairés et avait préparé ainsi de ses propres mains un terrain favorable à l'éclosion des idées libérales; enfin, parce que le contact des étrangers avait fait sentir à ces officiers et à ces fonctionnaires les avantages que procurerait à leur pays un régime politique semblable à celui des autres nations européennes.

De sorte que l'intervention étrangère, en même temps qu'elle portait ombrage au patriotisme turc, initiait l'élite de l'empire aux bienfaits de nos institutions. Et c'est là ce qui explique que la Macédoine ait été le foyer d'où a jailli l'étincelle.

Et c'est ce qui explique également que, au moment où nous manifestions notre volonté de laisser le nouveau gouvernement accomplir en toute liberté les réformes nécessaires, lui-même, dans sa victoire, a fait appel à notre collaboration. Il lui est apparu que la réorganisation administrative et financière de l'empire serait d'autant plus rapide et plus efficace, qu'il ferait plus largement appel à l'expérience de fonctionnaires éprouvés, qui, tout en tenant compte des besoins particuliers et des traditions de la Turquie, feraient pénétrer dans ses administrations les derniers progrès de l'Europe occidentale. (*Très bien! très bien!*)

Une des premières pensées du nouveau régime a été naturellement aussi de commencer des démarches auprès des puissances pour obtenir la suppression des capitulations. S'il est naturel que, sous un gouvernement tyrannique, lorsque les principes de la justice sont ébranlés, les étrangers se placent sous la protection de leurs gouvernements pour y trouver la sécurité qui leur manque, il est naturel aussi que, lorsque l'absolutisme disparaît, lorsqu'il est démontré que la justice fonctionne régulièrement, on n'ait plus besoin de recourir à de semblables privilèges. C'est ce qui s'est produit peu à peu dans la plupart des pays aujourd'hui démembrés de l'empire ottoman; c'est ce que nous avons vu au Japon, où les capitulations ont disparu en douze ou quinze ans. Il est légitime que les puissances, avant de renoncer à la protection de leurs nationaux, s'assurent que le nouveau régime a fait ses preuves. (*Très bien! très bien! sur divers bancs.*)

La France a intérêt à voir s'affermir le régime constitutionnel en Turquie ; elle doit répondre par d'évidents témoignages de bienveillance aux sympathies que lui montre le parti libéral. Elle peut donc poser en principe que la promulgation de la nouvelle Constitution est appelée à modifier le statut international de la Turquie. (*Très bien! très bien!*)

Mais nous ne saurions, sans injustice et sans péril, dépouiller les nombreux Français établis en Orient des garanties dont ils jouissent aujourd'hui, avant qu'ils soient certains de trouver la protection de leurs droits auprès d'une justice intègre, éclairée et impartiale. (*Applaudissements.*)

Il semble que, dans la plupart des provinces ottomanes, la magistrature laisse encore beaucoup à désirer.

M. Jaurès. — C'est un cercle vicieux.

M. le rapporteur. — Je vais répondre, monsieur Jaurès, à votre observation.

Dans les trois vilayets macédoniens, de sérieux progrès ont été réalisés depuis quelques années, grâce à la surveillance de l'inspecteur général

Hilmi pacha et des agents étrangers des réformes.

On pourrait prendre acte de nouveaux progrès en acceptant d'apporter aux capitulations certaines modifications qui seraient d'abord appliquées à titre d'essai dans ces trois vilayets et qui pourraient être ultérieurement étendues aux autres provinces de l'empire.

En tout cas, la juridiction consulaire devrait être maintenue, au moins provisoirement, pour les affaires qui intéressent exclusivement des étrangers.

En un mot, nous devons reconnaître les conséquences du changement de régime qui vient de s'accomplir en Turquie ; mais, pour le bien commun des deux peuples, nos concessions devront être entourées des garanties nécessaires à la sauvegarde des intérêts considérables que représentent nos colonies, leur commerce et leurs capitaux. (*Très bien! très bien!*)

On répète volontiers que la France n'a pas d'intérêts directs dans les Balkans. Si l'on veut dire par là qu'elle n'est pas limitrophe de l'empire ottoman, soit! Mais j'imagine que la France, avec ce rôle huit fois séculaire en Orient et dans la Méditerranée, qui est une des pages les plus magnifiques de sa magnifique histoire, (*Applaudissements.*) avec son commerce qui, malgré d'âpres concurrences, a réussi à se maintenir et qui va, je l'espère, s'accroître, grâce à d'habiles mesures, telles que la mission de M. Jean Périer, que MM. Pichon et Cruppi ont eu l'heureuse idée, dont nous les remercions et les félicitons, d'envoyer là-bas, (*Très bien! très bien!*) avec ses 2 milliards et demi de capitaux répandus dans tout l'empire, ses 1,700 kilomètres de chemins de fer, ses quais, ses phares; avec ses 300 écoles et ses 90,000 élèves, qui propagent notre langue et notre influence; avec ses 300 hôpitaux, qui abritent 100,000 malades et indigents; avec ses droits traditionnels dont les convoitises des autres peuples nous font assez sentir le prix et que ceux-là mêmes qui les dédaignent le plus ne sauraient, je pense, laisser tomber en d'autres mains sans en avoir reçu d'abord l'équivalent; avec cette Syrie, ce Liban, si français de cœur, aussi ardemment attachés aujourd'hui au drapeau tricolore qu'ils l'étaient autrefois aux fleurs de lis, j'imagine que la France, qui occupe encore la première place dans l'empire ottoman au point de vue moral, a le droit de parler haut et d'être entendue! (*Applaudissements.*)

Et j'imagine aussi qu'en présence de ces 250 millions de musulmans, qui reconnaissent le khalife de Stamboul comme leur chef religieux, la France, grande puissance musulmane, a quelques raisons d'entretenir de bons rapports avec le khalifat, afin de maintenir et d'accroître son autorité parmi les populations de l'Afrique du Nord. (*Nouveaux applaudissements.*)

Nos intérêts politiques, économiques et moraux sont donc étroitement liés à ceux de la Turquie. Par conséquent, notre premier devoir est de garantir son intégrité territoriale et son indépendance; or, le meilleur moyen de garantir son indépendance, c'est de fortifier autant que nous le pourrons le nouveau régime issu de la révolution de juillet et d'aider à son œuvre de rénovation. (*Applaudissements à gauche et à l'extrême gauche.*)

L'avenir de la Turquie dépend en grande partie du sort de la jeune Turquie. (*Très bien! très bien! sur les mêmes bancs.*)

### L'annexion de la Bosnie-Herzégovine. — La Serbie et le Monténégro.

Et maintenant, tournons les yeux vers la Serbie et le Monténégro.

Le gouvernement de la République attache le plus haut prix à nos bonnes relations avec l'Autriche-Hongrie, et ce n'est certes pas moi qui l'en blâmerai. Nous avons toujours soutenu que la politique anti-autrichienne du second Empire a été un des anachronismes les plus funestes de notre histoire.

M. LE COMTE DE LANJUINAIS. — C'est très vrai.

M. LE RAPPORTEUR. — Nous avons toujours considéré la cohésion et la solidité de l'Autriche-Hongrie comme un élément nécessaire de l'ordre européen.

M. JAURÈS. — Et la liberté de l'Italie aussi.

M. LE RAPPORTEUR. — L'Autriche a joué dans la Triple-Alliance un rôle modérateur. A Algésiras, tout en restant le second, « le brillant second » de l'Allemagne, suivant l'expression de l'empereur Guillaume, elle a fait œuvre de conciliation et contribué à la détente.

Tout cela, nous n'aurions garde de l'oublier.

Mais nos bonnes relations avec l'Autriche-Hongrie ne doivent pas nous faire perdre de vue les intérêts légitimes des nationalités des Balkans, car l'équilibre balkanique est un élément de l'équilibre européen.

Vous savez ce que disent les Serbes : « Nous sommes cernés, disent-ils, enserrés de toutes parts, nous ne pouvons plus respirer; nous demandons à l'Europe de garantir notre indépendance et notre développement économique. »

Et ils ajoutent : « L'Autriche restitue à la Turquie le sandjak de Novi-Bazar. Mais des études d'officiers d'état-major autrichiens avaient montré, dès 1905, que le sandjak est un couloir par lequel on ne peut faire passer une armée; qu'en conséquence il fallait l'abandonner et que c'est par la vallée de la Morava, en Serbie, qu'on devrait passer pour aller en Macédoine. »

Voilà ce que disent les Serbes.

Les Monténégrins tiennent un langage analogue : « L'Autriche, disent-ils, fait entendre qu'elle pourra abandonner son droit de surveillance sur Antivari; mais que nous importe, si elle garde Spitza, que nous avons conquise sur les Turcs, que le traité de San-Stefano nous avait laissée, que le traité de Berlin nous a enlevée pour la donner à l'Autriche, et qui domine Antivari ? C'est donc là une concession purement illusoire ! »

Voilà ce que disent les Monténégrins.

Et les uns et les autres concluent : « Si l'Europe ne prend pas certaines garanties, elle pourra être exposée à de nouvelles difficultés. Donc, nos revendications n'ont pas seulement un caractère national, elles ont un caractère européen. »

Voilà ce que disent les Serbes et les Monténégrins.

Messieurs, l'annexion de la Bosnie et de l'Herzégovine est contraire au traité de Berlin et aux engagements pris par les plénipotentiaires autrichiens de 1878 envers la Turquie. L'Autriche allègue, il est vrai, que depuis lors, elle a fait de grands sacrifices dans les deux provinces; mais, à l'heure où l'annexion s'est produite, elle risquait de compromettre les destinées de la révolution ottomane et de faire retomber les populations de l'empire sous le despotisme. (*Applaudissements.*)

D'ailleurs, un traité ne saurait être modifié sans le consentement de toutes les puissances qui l'ont signé. Or, en supposant que l'Europe reconnaisse le fait accompli, elle a le droit, elle a le devoir de prendre certaines précautions pour assurer le maintien de la paix ; si elle ne les prenait pas, il serait à craindre que, pour n'avoir pas su adopter à temps les mesures nécessaires, elle ne se préparât des crises nouvelles.

Il ne suffit pas de donner aux Serbes des conseils de prudence : il y a un devoir européen plus haut.

Ce devoir, la nation russe tout entière en a conscience. Vous avez vu le profond mouvement d'opinion qui s'est déclaré dans tout l'empire, l'unanimité de la Douma, vous avez entendu le langage de son président.

Ce n'est pas l'Angleterre, qui méconnaîtrait sur ce point le devoir européen. Serait-ce l'Italie, que les liens de la famille royale avec le Monténégro et la Serbie et sa politique en Albanie semblent devoir rapprocher ici de la Russie et de l'Angleterre ?

La Turquie a un intérêt vital à soutenir les Serbes. Reste la France.

La France a donné des preuves assez éclatantes de son esprit de conciliation. Elle a travaillé pour le maintien de la paix dans le présent, elle doit travailler aussi pour le maintien de la paix dans l'avenir. (*Très bien ! très bien !*)

Comment l'Autriche ne se mettrait-elle pas d'accord avec les puissances signataires du traité de Berlin, pour leur épargner de nouvelles complications ? Et, s'il en était autrement, au nom de quels principes, au nom de quels intérêts la France pourrait-elle adhérer sans restriction et sans réserve à une telle politique ?

Je verrais bien alors les inconvénients ; nous les connaissons par expérience. Assez souvent la question d'Orient a servi à diviser la France et la Russie. Mais où serait l'avantage ? Où serait notre intérêt ?

La France est libre. A aucun moment, j'en suis sûr, notre diplomatie n'a lié la question du Maroc à la question d'Orient. Si elle l'avait fait, elle aurait commis une redoutable faute, (*Applaudissements à l'extrême gauche et à gauche.*) elle risquerait d'être la dupe et la victime d'une de ces illusions qui ont coûté si cher à Napoléon III, (*Très bien! très bien! sur les mêmes bancs.*) lorsqu'il se laissa entraîner, à propos de la Belgique et du Luxembourg, en ces périlleux marchandages qui lui valurent de si cruels mécomptes. (*Applaudissements sur les mêmes bancs.*)

Oui, je suis sûr que, dans les négociations qui vont se poursuivre, — à la conférence, si elle se réunit, — les voies sont libres devant nous. Et, dès lors, il me semble que notre devoir est tout tracé. De même que nous avons contribué à rapprocher l'Angleterre de la Russie, nous devons travailler maintenant à rapprocher la Turquie nouvelle du monde slave. Nous devons, étroitement unis à notre alliée, à nos amis, non pour essayer de couper l'Europe en deux camps, mais au contraire pour empêcher qu'elle ne se divise plus gravement dans l'avenir, nous préoccuper de l'indépendance et du développement économique des nationalités slaves. Nous devons prendre pour maxime : l'empire ottoman aux Ottomans, la péninsule balkanique aux peuples des Balkans. (*Très bien! très bien!*)

Nous devons nous dire enfin que, le jour où la France ne reconnaîtrait plus comme le premier principe de sa politique extérieure le respect du droit, elle perdrait l'intelligence des conditions de sa grande existence dans le monde et ses raisons de vivre.

Le droit ! C'est par cette idée que je veux finir; car c'est cette idée qui doit guider la France dans la crise orientale, comme elle l'a guidée dans son récent différend avec l'Allemagne.

Là, pas un instant, ni le gouvernement de la République, ni la nation tout entière, serrée autour de lui, n'ont hésité, ni sur le droit, ni sur le devoir patriotique. (*Applaudissements.*) La France a dit : « Je ne veux isoler personne, mais je ne veux plus être isolée. Je veux la paix, mais la paix avec l'honneur, dans la justice ! » (*Très bien! très bien!*)

Ah! messieurs, ce n'est pas un fait négligeable dans l'histoire des relations internationales, d'avoir vu la grande puissance militaire qui s'était montrée jusqu'ici le plus sceptique à l'égard de l'arbitrage, proposer elle-même l'arbitrage!

L'arbitrage n'eût-il empêché qu'une seule guerre, comme dans l'affaire de l'*Alabama* ou dans l'incident de Hull, ne dût-il empêcher qu'une seule guerre dans l'avenir, c'en serait assez pour rendre sa cause sacrée à nos yeux! (*Applaudissements*)

C'est un Allemand, Kant, qui a prononcé cette parole : « La raison ne dit pas que la paix perpétuelle sera réalisée un jour, cela ne la regarde pas; la raison dit qu'il faut toujours agir comme si la paix perpétuelle devrait être réalisée un jour; cela seul la regarde. » (*Très bien! très bien!*)

Efforçons-nous de faire pénétrer de plus en plus la notion de la justice internationale dans la conscience de l'humanité. (*Applaudissements.*) Mais, en même temps, sachons profiter des leçons que viennent, encore une fois, de nous donner les faits. Hélas! pour l'humiliation de la raison humaine, dès que la force manque au droit, le droit succombe et la volonté des peuples est méprisée!

N'oublions aucune de ces épreuves, travaillons

à en prévenir le retour, et souvenons-nous que, plus nous serons forts, plus nous offrirons de chances aux victoires du droit! (*Vifs applaudissements sur un grand nombre de bancs.*)

# LA CRISE ORIENTALE

## LE DEVOIR DE L'EUROPE

Je me suis déjà expliqué sur l'action de la diplomatie européenne dans la crise orientale, lors de la discussion du budget des Affaires étrangères, le 26 novembre dernier :

« En supposant que l'Europe reconnaisse le fait accompli, disais-je, elle a le droit, elle a le devoir de prendre certaines précautions pour assurer le maintien de la paix; si elle ne les prenait pas, il serait à craindre que, pour n'avoir pas su adopter à temps les mesures nécessaires, elle ne se préparât des crises nouvelles. Il ne suffit pas de donner aux Serbes des conseils de prudence, il y a un devoir européen plus haut... »

Depuis lors, les choses n'ont guère avancé. Certains gouvernements croient avoir intérêt à gagner du temps. La question est de savoir où est l'intérêt de l'Europe — et le nôtre.

*
* *

En notifiant aux puissances l'annexion des deux provinces, le gouvernement austro-hongrois a allégué que la révolution ottomane l'obligeait de leur donner une Constitution et qu'il ne le pouvait qu'en les incorporant à la monarchie. Il s'agissait simplement de liquider le passé et, comme preuve de ses intentions, il restituait à la Turquie le sandjak de Novi-Bazar.

Comment les États signataires du traité de Berlin n'ont-ils pas aussitôt pris acte de ces engagements? L'intérêt de la Russie, de l'Angleterre, de la France, de l'Italie, de la Turquie était évident. Quant à l'Allemagne, si elle ne peut se séparer de l'Autriche, elle doit en même temps ménager l'Italie, la Russie et la Turquie. Entre Vienne, Rome, Pétersbourg et Constantinople, elle ne peut que jouer un rôle de conciliation. En cela, elle se rencontre avec la France. Ces conjonctures ne paraissaient-elles pas favorables à une action collective et prompte?

Au lieu de cela, on a laissé en tête-à-tête les gens qui avaient le plus à se plaindre les uns des autres. Et pourquoi céderaient-ils, puisqu'ils peuvent toujours compter sur l'éventualité d'une conférence, sur l'intervention de tiers? Résultats : le boycottage du commerce austro-hongrois par les Turcs, la tension entre la Bulgarie et la Porte, les incidents de frontière et les difficultés diplomatiques entre l'Autriche et la Serbie, l'irritation croissante du monde slave.

L'Autriche vient, il est vrai, d'offrir à la Turquie une soixantaine de millions. Mais n'oublions pas que, par la clause du 13 juillet 1878, ses plénipotentiaires avaient déclaré à l'empire ottoman que l'occupation de la Bosnie et de l'Herzégovine serait provisoire et ne porterait pas atteinte aux droits de souveraineté du sultan. Elle a tout intérêt à renouer avec le nouveau gouvernement des relations, et d'abord des relations commerciales. Cependant, elle entoure son offre des conditions que vous savez, et elle se refuse à prendre à sa charge une part quelconque de la Dette publique ottomane.

Quant aux litiges entre l'Autriche et la Serbie, ils n'ont pas fait un pas.

Les gouvernements assurent qu'ils veulent la paix; mais il ne faut pas compter seulement avec les souverains et les ministres; il faut — et de plus en plus — compter avec les peuples, avec leurs passions, avec les tempêtes d'âmes.

L'empereur François-Joseph a donné d'admirables exemples de sagesse et de clairvoyance politique, par exemple lorsque, malgré tant de forces contraires, il a institué le suffrage universel. Il a exercé dans les affaires européennes une action modératrice. Il apparaît comme la personnification du devoir. Il a plus grandi dans le malheur héroïquement souffert que d'autres dans les plus éclatantes victoires.

Mais, autour du souverain vénéré, voici que de nouvelles ambitions se lèvent. Il en est qui voudraient accroître encore dans l'empire la force des éléments slaves. Pourtant, une politique qui tendrait à s'appuyer sur les catholiques et sur les Slaves ne risquerait-elle pas d'inquiéter l'Allemagne ?

On estime, en certains milieux, que l'annexion de la Bosnie et de l'Herzégovine, en plaçant dans l'empire austro-hongrois le centre de gravité de la nationalité serbe, a rendu inévitable, tôt ou tard, l'absorption de la race serbe tout entière. La *Damzer's Armee Zeitung* du 5 novembre disait :

« L'Autriche a laissé passer l'occasion : au moment où ses monitors se sont approchés de Belgrade, elle aurait dû mettre la main sur la ville ; l'ennemi, qui n'était pas préparé à la guerre, aurait été rapidement battu... L'état-major est injustifiable de n'avoir pas eu recours rapidement aux moyens extrêmes. Le conflit avec la Serbie et le Monténégro est inévitable ; plus tard il se produira, plus cher il nous coûtera en matériel et en hommes... Nous ne pouvons pas déposer les armes avant d'avoir obtenu l'hégémonie dans les Balkans et d'en avoir éloigné l'influence des autres puissances. Pour cela, nous avons absolument besoin de l'alliance de la Turquie ; notre diplomatie a commis une faute en ne travaillant pas à se l'assurer. Nous l'obtiendrions plus facilement si nous étions ses voisins sur un front plus large : nous pourrions l'aider à rétablir l'ordre en Macédoine. Il est donc indispensable que la Serbie et le Monténégro disparaissent. Non seulement nous ne pouvons éviter un conflit avec ces deux pays, mais nous devons le désirer et le provoquer... »

D'autres, sans aller si loin, prévoient quelque incident de frontière, un coup rapide sur Belgrade et un traité de vassalité. D'autres enfin, plus prudents, désirent pénétrer les Balkans par infiltration et introduire peu à peu l'influence austro-hongroise dans la péninsule par les voies ferrées, la politique, le négoce.

\*\*\*

La France entretient avec l'Autriche-Hongrie des relations excellentes ; elle souhaite de les maintenir. Nos sentiments à l'égard de l'Autriche n'ont jamais varié; nous avons toujours regardé sa force comme un élément nécessaire de stabilité et d'équilibre; nous n'avons pas oublié qu'en 1879 Andrassy a refusé de tourner contre nous la pointe de la double alliance. J'ai toujours considéré, pour ma part, la politique anti-autrichienne du second Empire comme un des anachronismes les plus funestes de notre histoire. Mais nos bonnes relations avec l'Autriche-Hongrie ne doivent pas nous faire perdre de vue les intérêts légitimes des nationalités des Balkans. Et je ne parle pas seulement des services que les Serbes et les Monténégrins ont rendus à l'Europe par leurs luttes héroïques pour son indépendance. Pendant plus d'un siècle, la Serbie a été la fidèle et vaillante avant-garde de l'Autriche et de l'Europe contre les Turcs. Elle a été indignement sacrifiée à maintes reprises, depuis la paix de Carlowitz jusqu'au traité de Berlin. Certes, elle a mérité le droit de vivre, de respirer, de se développer économiquement. Et l'Autriche, qu'elle a si longtemps aidée, pour laquelle elle a versé tant de fois le sang de ses fils, s'honorerait en respectant ce glorieux passé.

Nous serions prêts, nous autres, à faciliter aux Serbes la construction de chemins de fer qui les relieraient au Monténégro et à l'Adriatique ; l'Autriche ferait acte d'équité en leur garantissant le libre usage de ces communications nécessaires.

Elle veut donner à la Bosnie et à l'Herzégovine un statut constitutionnel ; ce ne peut être apparemment pour le tourner au profit de la minorité catholique et de la colonisation germanique, au détriment de la grande majorité orthodoxe et musulmane. Et ce ne peut être non plus pour entraver les relations économiques des deux provinces avec la Serbie et le Monténégro.

Au Monténégro l'Autriche laisse entendre qu'elle pourra abandonner son droit de surveillance sur Antivari ; mais qu'importe, si elle garde Spitza, que les Monténégrins avaient conquise sur les Turcs, que le traité de Berlin leur a enlevée pour la donner à l'Autriche, et qui domine Antivari ? Ce serait là une concession purement illusoire, et ce n'est pas sans doute ce que veut l'Autriche.

Quant au différend turco-bulgare, qui porte sur une question d'argent, ne pourrait-on en confier la solution à des arbitres ?

*\**

Qu'attend l'Europe pour régler ces questions ? Et qu'espère-t-elle en les laissant ouvertes ? Je souhaite que la situation actuelle ne se prolonge pas; qu'on renonce aux tête-à-tête; que les petits États soient entendus ainsi que les grands et qu'on ne dispose plus de leurs destinées sans eux, comme on le fit au congrès de Berlin ; enfin, que le débat soit limité aux problèmes soulevés par l'annexion bosniaque et par l'indépendance bulgare.

Nous devons prévoir dès à présent l'avenir et envisager toutes les hypothèses. Si le gouvernement austro-hongrois, suivant le conseil que Bismarck lui donnait dans ses *Souvenirs* (II, 252), entend s'orienter définitivement vers l'Est et cherche à conquérir, sous une forme ou sous une autre, l'hégémonie des Slaves du Balkan, elle trouvera nécessairement contre elle la Russie.

Or, le jour où un conflit éclaterait entre la Russie et l'Autriche, l'Allemagne serait obligée, en vertu de son traité, de suivre son alliée, et la double alliance jouerait du même coup : de sorte que nous serions engagés, et engagés dans les conditions les moins avantageuses.

Il est permis aux plus anciens, aux plus fermes soutiens de l'alliance russe dans ce pays de parler de ces choses avec une entière franchise. La guerre d'Extrême-Orient pèse lourdement sur nous et sur toute l'Europe : c'est Moukden qui a permis le coup de Tanger et l'annexion de la Bosnie-Herzégovine. Désormais, tout l'effort de notre diplomatie doit tendre à prévenir un conflit en Orient.

On répète sans cesse que « la France n'a pas d'intérêts directs dans les Balkans ». Cette expression ne dit pas ce qu'elle veut dire. La France n'est pas limitrophe des Balkans; elle n'y a point d'ambitions territoriales; mais — 'outre son grand rôle séculaire et ses intérêts économiques, financiers, moraux en Orient, — elle a un intérêt essentiel à maintenir la paix. Or, pour maintenir la paix, elle doit travailler à sauvegarder l'indépendance et l'avenir des nationalités balkaniques.

Et ces nationalités, à leur tour, doivent comprendre que, si elles veulent vivre, l'heure n'est plus pour elles aux anciennes rivalités et aux vieilles rancunes. Toute division leur serait fatale. La politique habile et forte du roi Ferdinand reconnaîtra que la Bulgarie n'aurait rien à gagner à provoquer les Turcs et qu'elle a, au contraire, tout intérêt à se rapprocher d'eux ; et elle reconnaîtra sans doute aussi, avant qu'il soit longtemps, que ses intérêts d'avenir sont du côté de la Russie.

Si invraisemblable que le fait paraisse, l'histoire établira que la proclamation de l'indépendance bulgare a été l'œuvre personnelle du prince, qui voulait la couronne ; Vienne eût préféré que les deux coups ne fussent pas simultanés.

En tout cas, la France, qui a contribué à rapprocher la Russie de l'Angleterre, doit travailler maintenant à rapprocher la Turquie nouvelle du monde slave.

M. de Bismarck a prédit que la prochaine grande guerre européenne serait déchaînée par la question d'Orient. Aujourd'hui qu'il n'est plus là pour justifier sa prophétie, profitons-en pour essayer de la démentir. La France, avec son alliance, ses amitiés, sa richesse, son armée, la France, dont l'attitude dans le récent différend franco-allemand a montré la force et l'unité morale, n'a pas seulement un rôle de médiatrice à jouer, elle a, elle aura de nobles initiatives à prendre, pour son avenir, pour la paix et pour le droit (1).

(1) *Le Matin*, 15 janvier 1909.

# LA DIPLOMATIE EUROPÉENNE
## ET LA CRISE ORIENTALE

*L'Opinion* veut bien me demander mon avis sur l'action de la diplomatie européenne dans la crise orientale. J'ai eu occasion de m'expliquer sur ce sujet à diverses reprises, notamment à la Chambre, le 26 novembre.

Pour savoir ce que nous pouvons faire, il faut rappeler en quelques mots les origines des difficultés présentes.

L'occupation de la Bosnie et de l'Herzégovine par l'Autriche-Hongrie fut une conception de M. de Bismarck. Elle se rattachait à son plan général de politique. Diviser Paris et Londres, Paris et Pétersbourg, Londres et Pétersbourg, tel était son triple but. Pour l'atteindre, il conseillait volontiers à ses voisins les voyages. La Russie en Asie, l'Autriche en Orient, la France n'importe où : c'était tout à la fois le moyen de les éloigner de ses frontières, de les occuper ailleurs et de les mettre aux prises. Il faut dire que ses rivaux se prêtèrent avec une parfaite bonne grâce à l'accomplissement de ses desseins.

Il poussait Beust et Andrassy contre la Serbie d'autant plus volontiers, qu'en 1866, les Serbes, malgré ses instances, s'étaient refusés à marcher avec la Prusse contre l'Autriche.

Deux ans avant le Congrès de Berlin, le 7 mars 1876, le duc Decazes écrivait ceci :

« M. de Bismarck conseille à l'Autriche d'occuper militairement la Bosnie et l'Herzégovine, dût-elle même y rester, en ajoutant que la Russie y trouverait une occasion toute naturelle de reprendre la Bessarabie... Cette ouverture a été accueillie à Pétersbourg avec indignation : l'empereur Alexandre et son chancelier ont su apprécier le caractère de cette tentative uniquement faite pour rompre l'accord si heureusement formé entre l'Autriche et la Russie. »

Mais, quatre mois après, la Serbie ayant déclaré la guerre aux Turcs, Alexandre, François-Joseph et leurs ministres se rencontrent à Reichstadt (8 juillet). Andrassy expose que l'Autriche ne saurait admettre un agrandissement sérieux de la Serbie, « qui deviendrait le Piémont des Slaves méridionaux dans les Balkans ». Si les Serbes sont vainqueurs, on leur donnera quelques districts le long de la Drina, en Bosnie, et l'Herzégovine sera jointe au Monténégro. L'Autriche aura la Croatie turque et certains districts de la Bosnie, proches de la frontière : moyennant quoi, en cas de guerre, elle restera neutre.

La Serbie, vaincue, réclame l'intervention des puissances. Gortschakof demande à Bismarck si, dans un conflit entre la Russie et l'Autriche, l'Allemagne restera neutre. Bismarck fait entendre que, si l'Autriche est mise en échec, l'Allemagne la soutiendra. Dès lors, la Russie, pour intervenir dans les Balkans, doit, sous peine de se heurter aux deux empires germaniques à la fois, acheter la neutralité autrichienne. Les pourparlers engagés à Reichstadt sont repris et consommés : la Russie laisse définitivement les mains libres à l'Autriche en Bosnie et en Herzégovine. La convention est signée le 15 janvier 1877.

Et M. de Bismarck, dans ses *Souvenirs*, en parle ainsi :

« Cette convention, et non le Congrès de Berlin, est, pour l'Autriche, la base de la possession de la Bosnie et de l'Herzégovine et a assuré la neutralité de l'Autriche pendant la guerre avec les Turcs... On avait sans doute espéré, à Saint-Pétersbourg, que la Bulgarie, affranchie de la Turquie, resterait sous la dépendance constante de la Russie. »

M. Sergé Goriainoff, chef des archives diplomatiques au ministère des Affaires étrangères de Russie, dans son livre *Le Bosphore et les Dardanelles* (1), dit que la convention de Budapest (18 mars 1877) donnait à l'Autriche la Bosnie et l'Herzégovine, *excepté la partie qui se trouve*

(1) D'après les correspondances diplomatiques conservées aux Archives de Saint-Pétersbourg. Documents inédits. Saint-Pétersbourg, 1907.

*entre la Serbie et le Monténégro*, — celle-là même que les Serbes voudraient obtenir aujourd'hui.

On sait comment Bismarck acheva de payer Gortschakof de ses services en 1870. Après avoir évincé l'Autriche de l'Allemagne, il la pousse dans les Balkans. Après s'être servi de la Russie contre nous, il la frustre du fruit de ses victoires contre les Turcs.

Enfin, il fait si bien que, au Congrès de Berlin, ce sont les plénipotentiaires anglais, lord Beaconsfield et lord Salisbury, qui prennent l'initiative officielle de l'occupation de la Bosnie-Herzégovine par l'Autriche : ils voulaient Chypre.

La France, on peut le dire, était alors absente. L'Italie ne comptait guère. (Voir l'intervention du comte Corti au Congrès.) La Turquie était écrasée. Tout fit le jeu de Bismarck.

Voilà les origines.

\*\*\*

L'Autriche, en annexant la Bosnie et l'Herzégovine, a déclaré qu'elle y était obligée par la révolution ottomane, pour pouvoir donner à ces deux provinces une Constitution, mais qu'elle s'en tiendrait là, et, comme preuve de ses intentions, elle restituait à la Turquie le sandjak de Novi-Bazar.

A la vérité, le sandjak lui était inutile : l'état-major avait conseillé de l'abandonner, montrant que, pour aller en Macédoine, les troupes devraient passer, non par « cet étroit goulot, mais par la vallée de la Morava, à travers la Serbie ».

N'importe ; comment l'Europe n'a-t-elle pas solennellement enregistré sur l'heure les déclarations de l'Autriche? Cinq puissances, signataires du traité de Berlin, y avaient le même intérêt : la Russie, la France, l'Angleterre, l'Italie et la Turquie. Cette crise les rapprochait; elles devaient rester unies. Le même problème se posait devant toutes.

L'annexion de la Bosnie et de l'Herzégovine est-elle une liquidation du passé ou une étape vers l'hégémonie des Balkans? L'Europe favorisera-t-elle le développement des nationalités balkaniques qu'elle a contribué à créer, ou les laissera-elle dominer et absorber peu à peu?

C'est l'Europe qui avait donné à l'Autriche le mandat d'administrer les deux provinces; c'est l'Europe seule qui peut changer cet état de choses : aucune puissance n'a le droit de modifier un contrat international sans le consentement des autres contractants. Pourquoi les gouvernements ne rappelèrent-ils pas immédiatement, dans une déclaration collective, le principe proclamé en 1871 à la Conférence de Londres et en 1878 au Congrès de Berlin, lorsque le traité de San-Stefano fut soumis à la revision de l'Europe sur la demande de l'Angleterre et de l'Autriche-Hongrie elle-même? La question de Bosnie, — Andrassy le déclarait à ce Congrès, — est une question européenne.

Ainsi, au début, l'Europe pouvait opposer à de nouveaux troubles un maximum de force. L'intérêt des cinq puissances était alors identique.

Quant à l'Allemagne, elle ne pouvait pas se séparer de l'Autriche; mais il y avait pour elle plusieurs façons d'appuyer son alliée : l'une qui consistait à encourager l'esprit d'aventure, l'autre à le contenir. Or, l'Allemagne devait ménager l'Italie, la Russie, la Turquie et s'efforcer de regagner à Constantinople le terrain que la révolution lui avait fait perdre.

Les circonstances paraissaient donc propices, à la condition que les cinq puissances restassent unies et entreprissent une action collective et prompte.

*  *

Où était l'intérêt de l'Autriche ? D'abord, faire accepter la situation nouvelle par la Turquie. Quel succès, en effet, si, alors que les plénipotentiaires autrichiens s'étaient engagés, par l'accord du 21 avril 1879, à n'occuper que provisoirement les deux provinces et à y respecter les droits de souveraineté du sultan, la Porte elle-même se résignait, la première, à cet accord ! Toute autre puissance, après cela, aurait mauvaise grâce à protester. Et le jeu de l'Autriche était d'empêcher tout rapprochement entre Constantinople et Belgrade.

C'est la tactique que les mêmes organes de l'état-major, partisans de la mainmise sur les

Balkans, disciples de Radetzky et de Tegetthof, conseillaient en ces termes, le 5 novembre :

« Le conflit avec la Serbie et le Monténégro se présente comme inévitable, et plus tard il arrivera, plus cher il nous coûtera en matériel de guerre et en sang... Nous ne pouvons pas déposer les armes avant d'avoir l'hégémonie complète dans les Balkans. *Pour arriver à ce but, nous avons besoin d'une entente avec la Turquie qui, à tout prix, doit devenir notre amie*, une amie flexible et dépendante. La recette pour arriver à ce résultat serait un soutien financier en grand style et la garantie de l'intégrité ottomane contre qui que ce soit... »

Ce second conseil fut suivi aussitôt, comme le premier.

Puis, après s'être réconcilié avec les Turcs, il fallait régler le différend turco-bulgare : alors l'Autriche n'aurait plus devant elle que la Serbie — isolée et coupée.

A chaque arrangement nouveau, l'Europe paraissait pleine de joie; cependant tout esprit tant soit peu clairvoyant pouvait être quelque peu surpris des éloges que sa diplomatie se décernait à elle-même ; car, à mesure que chacune de ces affaires était résolue ou assoupie, la question serbe devenait plus grave, puisque l'Autriche, affranchie d'autres soins, avait les mains libres du côté de Belgrade. Le vrai péril n'était ni à Constantinople ni à Sofia ; au contraire, à mesure que les nuages se dissipaient de ce côté, l'orage s'amoncelait sur la Serbie.

« Les Serbes n'ont rien à demander, disent les Austro-Hongrois. En quoi l'annexion de la Bosnie et de l'Herzégovine change-t-elle leur situation ? Est-ce que leur sort n'est pas réglé depuis le Congrès de Berlin ? » — A quoi les Serbes répondent : « L'Autriche en profite pour nous rendre la vie intolérable. Non seulement notre peuple de dix millions d'âmes est déchiré entre plusieurs États, mais il est écrasé, étouffé. Quant à la Bosnie et à l'Herzégovine, où il n'y a que 21 pour 100 de catholiques contre 43 p. 100 d'orthodoxes et 35 p. 100 de musulmans, tout est tourné au profit de la minorité catholique. A quoi bon nous relier à l'Adriatique par une voie ferrée, puisqu'il suffirait de faire sauter un pont pour arrêter encore nos transactions pendant des semaines et des mois? Si rien n'est changé à cette situation contre nature, on pourra mettre le pied une fois, deux fois, trois fois sur la mèche enflammée, on ne parviendra pas à empêcher l'incendie. »

Vous vous rappelez le discours de M. Milovanovitch, ministre des Affaires étrangères de Serbie, à la Skoupchtina, le 3 janvier :

« En annexant la Bosnie-Herzégovine, en rejetant la Serbie de la mer Adriatique et en empêchant notre union avec le Monténégro, l'Autriche impose à la Serbie et à la nation serbe, dans un avenir proche ou éloigné, la lutte à la vie où à la mort. »

Et quelques Serbes désespérés vont jusqu'à s'écrier : « Tout, plutôt que ces lambeaux de nation! Nous aimons mieux être réunis à nos frères de même race et de même sang, dans un grand empire où les Slaves, avec les Musulmans et les Croates, tiendront tête aux Magyars et aux Allemands. Nous préparerons ainsi à la race serbe et au monde slave des destins nouveaux ! »

En attendant, c'est la pensée de M. Bismarck qui se réalise après sa mort ; c'est le *drang*, la poussée vers Salonique, l'Autriche étendant son influence sur la Macédoine.

\*\*\*

Si un conflit venait à éclater demain, après-demain, à une heure quelconque, entre l'Autriche et la Serbie, il est probable que M. de Bülow tiendrait à M. Isvolsky le langage que Bismarck tenait en 1877 à Gortschakof. La Russie paye aujourd'hui sa guerre de Mandchourie.

Et nous, nous payons nos fautes marocaines. Nous avons tous applaudi à l'accord franco-allemand, moins pour ce qu'il nous donne en Afrique, — car il ne change rien au fond des choses, — que parce qu'il rétablit entre les deux États des relations normales. Mais, par là, l'Allemagne a gagné, pour elle et pour l'Autriche, une liberté plus grande du côté des Balkans. Le jour où a été substitué, dans le programme de la conférence, aux mots « compensations territoriales » (pour la Serbie) le mot « avantages », cette combinaison nous conciliait sans doute les bonnes grâces de l'Autriche, mais aussi la triple entente devenait moins forte pour défendre au besoin des intérêts qui ne concordent pas avec ceux de l'Autriche.

M. de Chaudordy, qui fut certainement un des premiers diplomates de la troisième République, avait dit dès 1880, au moment de la Conférence de Madrid : « La route de Tanger mène à Metz. » Avec une extraordinaire sagacité, il avait aperçu le rôle que la question marocaine devait jouer dans les rapports de la France et de l'Allemagne. Les choses ont fini par s'arranger tant bien que mal ; mais, depuis cinq ans, la question du Maroc a pesé sur toute notre politique, et elle pèse encore indirectement, que nous le voulions ou non, sur la crise orientale.

Malheureuse guerre de Mandchourie, qu'il eût fallu empêcher à tout prix! Malheureuse affaire du Maroc, qu'il eût fallu régler dès longtemps avec l'Angleterre, au temps de Bismarck — il n'eût pas demandé mieux, lui, que de nous y aider! — ou plus tard, au moment de la guerre du Transvaal! De quel poids ces fautes auront-elles pesé sur l'avenir du monde!

L'Europe, hésitante, embarrassée, a beaucoup trop tardé. Au premier moment, l'Allemagne avait intérêt à contenir l'Autriche, pour ne pas heurter les Turcs; mais ceux-ci, en acceptant l'annexion de la Bosnie et de l'Herzégovine et la violation du traité de 1879, ont donné à penser qu'ils s'entendraient aussi bien avec une Autriche-Hongrie encore plus voisine et plus vaste. La situation aujourd'hui est donc moins favorable.

Que faire?

Essayer, malgré la résistance des agrariens, de faire revivre l'ancien traité de commerce austro-serbe, plus avantageux à la Serbie; construire la ligne Danube-Adriatique; ouvrir au commerce serbe l'accès de Salonique; rendre Spitza au Monténégro; garantir enfin l'indépendance et le développement économique de la Serbie : est-ce là une tâche au-dessus du courage et du génie de la diplomatie européenne?

Ce qui est certain, c'est que, si elle abdique, si elle est incapable d'assurer le droit à la vie à des peuples qui, certes, l'ont bien mérité par des siècles de luttes héroïques pour la civilisation, pour la liberté de l'Europe et pour la défense de l'Autriche elle-même, elle ne devra s'en prendre qu'à ses fautes passées, à ses lenteurs et à ses indécisions présentes, de cette rupture de l'équilibre balkanique, qui entraînera une nouvelle rupture de l'équilibre européen.

Le traité de Francfort et le traité de Berlin, qui en a été la conséquence directe, pèsent lourdement sur l'Europe. Depuis trente ans, les trois États qui en ont pâti, — la France, la Russie et l'Angleterre, — auraient dû, sans relâche, tendre leur effort commun vers un but unique : sinon rétablir l'équilibre rompu à leurs dépens, du moins empêcher qu'il ne se rompe encore davantage. Puisse cette pensée de justice et de salut inspirer désormais tous leurs actes ! (1)

(1) *L'Opinion*, 27 février 1909.

# DISCOURS

PRONONCÉ A LA SOCIÉTÉ DES ANCIENS ÉLÈVES
ET ÉLÈVES DE L'ÉCOLE DES SCIENCES POLITIQUES,
LE 22 JANVIER 1909

## INTRODUCTION AUX CONFÉRENCES SUR L'ASIE

Messieurs,

Je remercie la *Société des anciens élèves et élèves de l'École des Sciences politiques* et sa section de Diplomatie et d'Histoire du nouvel honneur qu'elles veulent bien me faire aujourd'hui. C'est pour moi une grande joie de me retrouver dans cette noble maison, avec mon cher et très honoré confrère M. Anatole Leroy-Beaulieu, qui vous prodigue sans compter toute son intelligence, toute sa volonté, tout son cœur, avec vos maîtres éminents, au milieu de cette élite de notre jeunesse qui donne à la France tant de hauts, de généreux espoirs.

Ce qui accroît encore mon plaisir, c'est de venir entendre avec vous une conférence de M. Victor Bérard. M. Victor Bérard joint à l'érudition la plus étendue, à la documentation la plus précise et la plus piquante, — vous vous rappelez son *Odyssée*, — l'imagination, la couleur, le style, le sens des grands mouvements historiques, surtout cette passion de la France, cet amour du droit, cette flamme de justice et d'humanité, qui éclairent toute sa vie intellectuelle d'un rayon d'idéal.

Il va vous parler de l'empire ottoman, de la partie asiatique de cet empire, de l'Asie ottomane. Il a dit un jour que l'empire ottoman vaut moins encore par les admirables richesses de son sol et de son sous-sol, que par l'importance des routes qui le traversent. Nous allons parcourir avec lui ces grandes artères, ces grandes lignes ferrées, qui permettront au gouvernement ottoman d'atteindre les extrémités de l'empire et en même temps d'en concentrer les forces :

d'une part, à travers l'Arabie, le chemin de fer de la Mecque; d'autre part, de l'Asie Mineure au golfe Persique, le chemin de fer de Bagdad.

Il vous dira ce qu'il pense du firman concédé aux Allemands en 1903 pour la ligne de Bagdad et quelle est, à son avis, la meilleure politique à suivre en cette affaire par chacune des puissances intéressées.

Il est une idée qui revient souvent dans ses écrits, une thèse qui lui est chère, à savoir que les différends, les rivalités provoqués entre les nations par ces grands passages devront être de plus en plus résolus, conciliés, apaisés par l'institution de commissions internationales. De même que nous avons aujourd'hui la commission du Danube, il aperçoit dans l'avenir une commission du Bosphore, une commission des Dardanelles, une commission du golfe Persique.

Ces idées, il y a quelques années encore, pouvaient paraître assez lointaines; peut-être M. Victor Bérard pense-t-il qu'elles le sont moins, depuis que l'Angleterre et la Russie ont conclu l'accord du 30 août 1907 sur les affaires de l'Asie centrale.

On avait pu craindre longtemps un conflit dans cette partie du monde; je ne dis pas une grande guerre de conquête, car on ne voit guère les Russes s'élançant à la conquête de l'Inde, ni les Anglais s'élançant à la conquête du Turkestan; mais, sur les marches où les avant-postes des deux nations se rencontraient, vous savez combien de querelles s'étaient élevées.

L'accord du 30 août 1907 y a mis fin. Il est entendu que le Thibet, l'Afghanistan et le golfe Persique resteront les boulevards de l'Inde, et la Perse est divisée en deux sphères d'influence : au nord, la sphère d'influence russe; au sud, la sphère d'influence anglaise.

Et ce traité vaut plus encore par ses conséquences européennes que par ses conséquences asiatiques, puisqu'il permet aux deux puissances de concentrer en Europe la majeure partie de leurs forces et, par là, de contribuer plus efficacement au maintien de l'équilibre européen et de la paix.

Mais, messieurs, le fait capital qui domine tous les problèmes asiatiques, c'est la guerre russo-japonaise. Cet événement a ouvert dans l'histoire du monde une ère nouvelle. La race blanche allait-elle asservir la race jaune, comme elle avait subjugué la race noire et la race rouge ? Le Japon a répondu. L'Europe s'est heurtée à de vieilles civilisations, très antérieures à la sienne, et qui, comme la sienne, avaient brillé par la science, l'art, la littérature, la philosophie — et aussi par la gloire des armes : car, ce n'est que depuis une période relativement récente, depuis un siècle environ, que le Japon et la Chine, ne sentant plus le péril extérieur, n'éprouvant plus le besoin de se défendre, avaient laissé tomber leurs armes.

Confucius honorait les vertus militaires : chaque ville a son temple au dieu de la guerre ; il n'était pas de plus grand honneur pour un lettré que de commander aux armées. Puis, n'ayant plus de guerre, ils n'eurent plus d'armée, et l'Europe en profita pour se ruer sur eux. Le Japon, le premier, s'est réveillé, et sa victoire a réveillé toute l'Asie. La Chine, à son tour, reprend les armes.

Il est probable que, pendant un certain nombre d'années, le Japon va se recueillir ; sa situation économique et financière lui commande la paix.

Mais ensuite? Entrera-t-il de nouveau en lutte avec la Chine pour la Corée ou la Mandchourie? Ou bien, renonçant à la sage politique que semble indiquer son échange de notes du 30 novembre 1908 avec les États-Unis, tournera-t-il son activité vers le Pacifique et entrera-t-il en rivalité avec l'Amérique? Ou bien enfin, devra-t-il se replier sur lui-même, essayer d'équilibrer son agriculture et son industrie et renoncer à une politique impérialiste?

Ce qui est sûr dès maintenant, c'est que le partage de la Chine, dont on parlait couramment en Europe il y a quelques années, est une conception morte; c'est que la devise : « La Chine aux Chinois », qui est aujourd'hui le mot d'ordre de tous les Célestes, deviendra, chaque jour davantage, une réalité. Et, de même que nous avons conclu des accords avec le Japon, — nous, les Anglais et les Russes, — de même nous devrons, à mon sens, essayer de mettre fin à toutes les causes d'irritation avec la Chine et conclure quelque jour des accords avec elle.

Depuis la guerre russo-japonaise, la politique asiatique est devenue solidaire de la politique européenne. Mais nous devrons faire en sorte que la politique asiatique ne pèse pas d'un poids trop lourd sur la politique française. Je suis de ceux, — j'exprime ici une opinion personnelle, — je suis de ceux qui auraient voulu qu'après la guerre de 1870, la France concentrât ses forces. Oh! je ne dis pas seulement sur les Vosges, mais sur les Vosges et dans la Méditerranée, en Afrique. Oui, je l'avoue, j'eusse préféré qu'elle restât en Égypte, et que, après avoir perdu les clefs du passage, elle n'allât pas si loin, à Madagascar et en Indo-Chine. Mais enfin, nous y sommes, et puisque nous sommes en Extrême-Orient, il me semble que c'est surtout par nos ententes, par nos intelligences diplomatiques, que nous devons garantir la sécurité de nos possessions lointaines.

Je me rappelle qu'il y a quelques années, le chef d'état-major général de la Marine, qui était alors l'amiral Touchard, fut chargé de nous apporter, à la commission des Affaires extérieures, un plan de défense de Saïgon et de l'Indo-Chine. Or, nous n'eûmes pas de peine à lui faire reconnaître que ce plan était tout à fait insuffisant et que, pour mettre la colonie en état de défense, il faudrait dépenser des sommes hors de proportion avec l'état de nos ressources budgétaires. C'est donc surtout par la diplomatie qu'il nous faut assurer l'avenir.

J'ajoute enfin que la guerre d'Extrême-Orient — je me place ici, naturellement, à un point de vue purement européen et français — a été un malheur, non seulement pour nos alliés, mais pour toute l'Europe, car c'est Moukden qui a permis le coup de Tanger et le coup de Bosnie et d'Herzégovine. Tout l'effort de la diplomatie française doit tendre à empêcher désormais de pareilles aventures.

Concentrer nos forces et les forces de nos alliés et de nos amis et travailler à les accroître, tel est, à mon sens, le devoir. Unis et forts en Europe, nous serons tranquilles en Asie.

Mais, messieurs, je ne veux pas me laisser entraîner plus loin qu'il ne faut; je sais que vous attendez un autre orateur : j'ai hâte moi-même de l'applaudir, et je lui cède la parole.

. . . . . . . . . . . . . . . . . . . . . . . . .
. . . . . . . . . . . . . . . . . . . . . . . . .

Je suis assuré d'être l'interprète de vos sentiments unanimes en remerciant et en félicitant M. Victor Bérard du tableau si varié, si vivant, si pittoresque qu'il vient de tracer devant nous.

Il a parlé en savant, en voyageur, en poète. Il a parlé aussi en politique. Vous avez souligné de vos applaudissements les éloquentes paroles qu'il a prononcées en l'honneur de la nouvelle Turquie. Oui, le cœur de la France, de toute la France, de l'élite que je vois ici, comme de la démocratie paysanne et ouvrière, est avec la révolution ottomane ; nous avons tous été pénétrés d'admiration pour le calme, la dignité et la sagesse avec lesquels cette révolution s'est accomplie. (*Applaudissements.*)

Tous nos vœux vont au régime nouveau, à ce régime libéral et constitutionnel en même temps que national.

M. Victor Bérard a mis admirablement en lumière la nécessité pour la France de contribuer autant qu'il est en son pouvoir au maintien de l'intégrité de l'empire ottoman : oui, nous devons faire tous nos efforts pour éviter en Orient des commotions nouvelles, pour y faire respecter le droit, la volonté des peuples.

Sur le chemin de fer de Bagdad, je demande la permission d'ajouter deux mots à ce que vient de dire M. Victor Bérard. Il estime que le succès de cette entreprise est souhaitable pour l'intégrité et la force de l'empire et pour la civilisation générale. Mais, lorsqu'elle s'accomplira, les intérêts de nos alliés, de nos amis, de la France elle-même devront y être pris en considération. Et, si la France y participait plus largement, sa part — et par conséquent ses droits — devraient être au moins égaux à ceux de la nation la plus favorisée.

Le vrai moyen de travailler au progrès de la civilisation générale, c'est de bien défendre d'abord les intérêts et l'avenir de cette France, qui, même à travers ses fautes, à travers ses malheurs, n'a cessé de travailler pour la justice et pour l'humanité.

# UNE ANNÉE DE POLITIQUE EXTÉRIEURE
## (1908)

#### Préface au livre de MM. René Moulin et Serge de Chessin

La politique extérieure, vue au jour le jour à travers de brèves dépêches, ne laisse souvent dans l'esprit public que des impressions confuses : un livre tel que celui-ci, en la condensant, l'éclaire. Ce n'est pas seulement un résumé chronologique : grâce à une méthode précise, les faits y sont coordonnés, on en dégage les causes, on en saisit la trame.

Peu d'années furent aussi remplies d'événements diplomatiques que 1908, notamment au Maroc et en Orient.

### Le Maroc.

M. René Moulin, qui a de qui tenir et qui s'est déjà fait connaître par d'intéressants écrits, expose dans une étude très documentée les faits qui se sont déroulés au Maroc pendant l'année dernière. Plusieurs voyages en ce pays, une randonnée dans le Sud Oranais avec le général Lyautey, lui ont permis de serrer de près la réalité.

A la fin de 1907, l'habile campagne de cet officier général dans le nord de la région frontière avait assuré la pacification du massif des Beni Snassen. Le gouvernement, en le nommant quelques mois plus tard haut-commissaire et en le chargeant d'exécuter, de concert avec un haut-commissaire marocain, les conventions et les mesures arrêtées par les deux gouvernements touchant la région frontière, témoignait de la confiance qu'il accordait à ses hautes qualités de chef et d'administrateur. M. René Moulin, au cours de son voyage, a pu apprécier la valeur de ses méthodes. « Aussi bien sur la frontière marocaine qu'au Tonkin et à Madagascar, dit-il, le général Lyautey a témoigné de qualités éminentes d'organisateur et d'administrateur, qui ne cèdent en rien à ses capacités professionnelles. Clarté, justesse, rapidité dans la conception, ténacité et vigueur dans l'action, telles sont les caractéristiques de l'homme à propos duquel on a pu dire très justement que, si l'on veut savoir ce qu'est et ce qu'aurait pu être la pénétration pacifique, c'est dans son commandement qu'il faut en étudier les méthodes. »

Le plan du général Lyautey est, en effet, la pénétration pacifique par le négoce, la reconstitution des pouvoirs locaux et la collaboration avec le maghzen. Nous pourrions ainsi créer, dit M. René Moulin, « une province marocaine d'une civilisation supérieure au reste de l'empire et qui constituerait en quelque sorte, entre le Maroc anarchique et notre frontière, un petit État-tampon, qui sauvegarderait la sécurité de notre Algérie et montrerait au sultan appelé à en bénéficier et à l'Europe ce que peut notre influence pacificatrice dans ces régions ».

N'avons-nous pas là, à notre porte, des droits incontestés, garantis par le traité de 1845, par les protocoles de 1901 et 1902 et consacrés par l'acte d'Algésiras?

Ainsi, au commencement de 1908, notre situation se présentait sous un jour relativement favorable. Mais la lutte entre Abd el Aziz et Moulay Hafid, dont l'auteur a noté toutes les péripéties, assombrit bientôt l'horizon. On devine qu'il regrette la neutralité absolue adoptée alors par le gouvernement dans le conflit entre le sultan légitime et son adversaire. Et si, maintenant, Moulay Hafid cesse d'exciter contre nous les tribus, n'est-il pas à craindre que cette évolution rapide n'éveille de nouveau leur fanatisme? « Le chérif qui a proclamé la guerre sainte peut-il, sans devenir suspect à son peuple, sanctionner les traités internationaux et les engagements particuliers qui, six mois auparavant, lui avaient servi pour dénoncer son frère comme traître au Coran et vendu aux chrétiens?... De l'inquiétude à la suspicion et de la suspicion à la déchéance il n'y a qu'un pas. Il est aisément franchi au Maroc, où les prétendants sont nombreux, le pouvoir central fragile, les révolutions dynastiques fréquentes. L'exemple d'Abd-el-Aziz est pour Moulay Hafid une leçon encore trop proche pour que nous puissions espérer qu'il l'ait oubliée. »

L'effervescence qui règne en ce moment dans la région de Fez semble justifier ces appréhensions. Tant que le sultan, quel qu'il soit, ne pourra compter que sur l'appui de mehellas indisciplinées, son pouvoir sera à la merci de toutes les surprises. Mais, pour avoir une armée, il faut des finances prospères, il faut que l'ordre et la sécurité, sans lesquels il n'y a point de transactions possibles, règnent dans les ports et les principaux centres de l'empire. Ici encore apparaît le prix de l'amitié française.

Dans la région des Chaouïas, le général d'Amade, qui avait succédé au général Drude, s'attachait à briser définitivement la résistance des tribus hostiles, trop souvent soutenues par les contingents hafidistes, afin de reconstituer les pouvoirs locaux. Menée avec vigueur, son action militaire était terminée à la fin de mai.

Examinant la question marocaine au point de vue international, M. René Moulin, après avoir relaté les interventions parlementaires provoquées par les événements du Maroc et souligné les principaux discours prononcés dans les Chambres, analyse les divers incidents où parut, au cours de 1908, la mauvaise volonté de l'Allemagne : au début de l'année, la tentative pour discréditer le sultan Abd-el-Aziz, coupable de bienveillance à notre égard, en lui prêtant des déclarations hostiles à l'influence française; la question des égouts; celle des censaux et protégés allemands dans la Chaouïa; la reconnaissance de Moulay Hafid, que l'Allemagne voulait sanctionner sans lui demander au préalable la promesse de souscrire aux engagements pris par son prédécesseur; enfin l'incident des déserteurs de Casablanca, qui nous ramena aux mauvais jours de 1905. Mais, si l'alerte fut chaude, elle ne fut pas inutile. La France parla énergiquement et montra une tenue qui servira de leçon.

A mesurer les difficultés suscitées par l'Allemagne l'année dernière, on apprécie davantage les bénéfices du récent accord. Moins intéressant par ses stipulations mêmes que par le règlement de questions irritantes, il n'a pas peu contribué à rétablir entre les deux grands peuples des relations normales et courtoises.

### La Mer du Nord et la Baltique.

D'autre part, en avril, étaient signés à Berlin et à Saint-Pétersbourg deux accords relatifs au maintien du *statu quo* dans la mer du Nord et dans la Baltique. On ne peut plus parler désormais de transformer la Baltique en « mer fermée ». Ces accords sont une garantie de paix dans l'Europe du Nord, autant que peuvent l'être des traités de cette nature.

### Les États-Unis et le Japon.

Un autre accord, conclu à la fin de 1908, est venu terminer les difficultés qui divisaient les États-Unis et le Japon. Les rapports entre ces deux puissances ont subi en ces dernières années des transformations profondes. Après la guerre russo-japonaise, la nation américaine n'avait pas ménagé sa sympathie au vainqueur. Mais la concurrence croissante du commerce japonais, l'attitude du gouvernement de Tokio envers la Corée et la Mandchourie, enfin les incidents de San-Francisco changèrent vite l'admiration des Américains en une expectative inquiète, que les événements ne tardèrent pas à rendre menaçante. Le départ de leur flotte, vers la fin de 1907, pour l'Océan Pacifique, rendit la situation critique. L'année 1908 a été pour les rapports sino-américains, jusque-là très tendus, une année d'apaisement et de détente. La modération des deux gouvernements, l'intervention personnelle du président Roosevelt, les bons offices de l'Angleterre ont calmé l'opinion publique japonaise. Parvenus au terme de leur gigantesque périple, les cuirassés de l'Union étaient reçus fort courtoisement à Yokohama. Quelques semaines plus tard, les gouvernements de Tokio et de Washington se mettaient d'accord pour signer un protocole d'entente et enregistrer la fin d'un conflit qui aurait pu être redoutable.

Ce protocole, sous la forme d'un simple

échange de notes, a une portée générale. Si la question irritante de l'émigration est laissée en suspens, au moins il est l'indice que de bons rapports existent maintenant entre Washington et Tokio. Toutefois, à côté des rivalités d'intérêts un instant écartées, il subsiste entre les deux peuples une cause de conflit que l'habileté des gouvernements devra s'attacher à atténuer : c'est une lutte de races.

Au plus grave de son différend avec les États-Unis, le Japon avait suivi à l'égard de la Chine une politique trop réaliste, qui se manifestait en Corée et en Mandchourie par des actes arbitraires. L'incident du Tatsu-Maru faillit mettre le feu aux poudres.

Si la réorganisation militaire poursuivie avec vigueur en Chine ne permet pas encore aux Célestes de se mesurer avec leurs redoutables voisins, ils ont exercé envers le Japon des représailles économiques qui n'ont pas été sans provoquer à Tokio de vives inquiétudes. Aussi le Japon a-t-il modifié à la fin de 1908 sa politique à l'égard de Pékin : il cherche à reconquérir l'amitié chinoise.

### L'Orient.

En présence de tous ces actes diplomatiques, on pourrait croire à la vertu souveraine des accords et des traités; malheureusement, la crise balkanique a montré ce qu'ils pèsent devant l'ambition des peuples. M. de Chessin, l'écrivain patriote du *Journal de Saint-Pétersbourg*, étudie le développement de la crise orientale qui, déterminée par le projet de chemin de fer autrichien Uvac-Mitrovitza et accentuée par la révolution jeune-turque, a abouti à l'annexion de la Bosnie-Herzégovine.

Le discours prononcé par le baron d'Æhrenthal le 27 janvier 1908 montrait que la politique austro-hongroise allait prendre une orientation nouvelle. Par la construction de ce chemin de fer, qui permettrait à l'Autriche de souder étroitement aux monts de Hongrie les plaines macédoniennes, l'entente de Mürzsteg, condition du maintien du *statu quo* dans les Balkans, était définitivement rompue. La Russie opposait au projet autrichien le projet Danube-Adriatique, soutenu par les puissances occidentales. L'entente anglo-russe se substituait en Orient à l'entente austro-russe et son influense se manifestait dans les affaires de Macédoine. Or, comme le fait très bien remarquer M. de Chessin, cette action plus énergique en Macédoine qui, six mois auparavant, aurait pu affaiblir les liens anglo-russes, venait maintenant les resserrer. « A cet égard, la Macédoine a complété l'entente anglo-russe. Elle en a réchauffé le style protocolaire et mis de l'enthousiasme, du sentiment national et populaire dans les formules qui n'ont guère eu jusqu'à présent qu'une beauté et une morale exclusivement techniques. L'artisan véritable du resserrement anglo-russe a été le baron d'Æhrenthal : il a transformé un mariage de raison en mariage d'inclination. »

Cette collaboration nouvelle des deux grandes puissances se traduisait par une identité presque complète entre les propositions anglaises relatives à la Macédoine et le contre-projet russe pour la réorganisation de la gendarmerie et de la commission financière ; l'entrevue de Revel venait sceller ces accords et le *statu quo* oriental était de nouveau consolidé, lorsqu'éclata la révolution jeune-turque : d'où la proclamation de l'indépendance bulgare et l'annexion de la Bosnie-Herzégovine.

En présence des changements qui s'étaient produits en Turquie, les populations bosniaques demandaient une Constitution. Craignant un soulèvement, l'empereur-roi décida l'annexion; mais le « coup bulgare » vint déranger ses combinaisons : il ne devait pas y avoir, dans sa pensée, connexité entre les deux actes.

Les Serbes et les Monténégrins prétendaient, à juste titre, que l'équilibre établi dans la péninsule venait d'être bouleversé, qu'un traité avait été brutalement déchiré; ils réclamaient des compensations économiques et territoriales, que l'Autriche, consciente de sa force, se refusait à leur accorder. On pouvait craindre de voir les Serbes se livrer à un acte de désespoir : la Russie les abandonnerait-elle ?

Les choses prenaient une tournure menaçante; les Serbes ne voulaient pas reculer devant l'influence allemande et, en Angleterre comme en

France, on commençait à trouver les prétentions autrichiennes quelque peu excessives. La Russie, encore affaiblie par la guerre contre le Japon et qui cependant s'était faite la protectrice attitrée de la race slave, crut préférable de céder : le recul des Slaves fut la conséquence des défaites russes en Mandchourie.

Les Serbes ne pouvaient lutter davantage; ils avaient défendu avec opiniâtreté la cause de leurs frères de même race, ils demandaient à l'Europe de sauvegarder leur indépendance politique et économique; l'Europe les abandonnait. « Que leur restait-il désormais? Condamnation à la mort en cas de révolte, invitation au suicide pour récompenser la résignation : l'échafaud, ou la coupe de ciguë. » L'annexion de la Bosnie-Herzégovine reconnue, consacrée, c'est le triomphe du germanisme.

Quelle sera, demain, la situation de l'Orient, celle du Maroc, celle de l'Extrême-Orient? L'année 1908 n'a apporté aux problèmes pendants aucune solution décisive. Déjà, les récents événements de Turquie peuvent être gros de conséquences. Que les brillants auteurs de ce livre ne jettent pas la plume, qu'ils continuent leur œuvre. Le triple théâtre qu'ils étudient nous réserve d'autres surprises; puisse la France y jouer un rôle digne de son passé !

# L'EUROPE ET LA POLITIQUE BRITANNIQUE
## (1882-1909)

Préface au livre de M. Ernest Lémonon

(Juillet 1909)

La rivalité anglo-allemande est un fait dont on connaît les causes, mais dont on ne peut encore prévoir les effets. Elle se manifeste partout, dans les Balkans, en Belgique, en Hollande, en Espagne, en Russie. Londres s'oppose constamment aux projets de Berlin. Dans l'affaire de Bagdad, en Perse, en Chine, au Japon, les deux gouvernements défendent des intérêts contraires. Ils sont peu enclins aux concessions, car ils se sentent forts et soutenus par de puissants alliés.

L'Allemagne s'efforce de conquérir l'empire

des mers, que l'Angleterre possède depuis les temps déjà lointains où elle anéantit les flottes espagnoles et néerlandaises. La suprématie navale est pour l'Angleterre une question de vie ou de mort : aussi, à chaque cuirassé sorti des chantiers de Kiel ou de Bremerhaven oppose-t-elle un, parfois deux Dreadnought. Elle s'inquiète des progrès maritimes incessants de l'Allemagne. La presse parle chaque jour des risques d'invasion qui menacent les îles. Le gouvernement a demandé aux colonies de construire une flotte pour aider à la défense de la métropole. Les colonies, elles aussi, ont besoin d'être plus sûrement défendues. L'Angleterre se souvient que Bismarck, bien qu'il ne fût pas un colonial, — c'est lui qui le disait, — a cependant jeté les premières bases de l'empire d'outre-mer dont l'Allemagne s'enorgueillit aujourd'hui. Guillaume II dit bien que la flotte de guerre impériale n'est faite que pour protéger et aider la marine marchande; qui sait si elle ne servira plus, comme naguère en Chine, à conquérir des colonies nouvelles?

La lutte qui est actuellement engagée entre

Downing Street et la Wilhelmstrasse se double d'un conflit économique. L'Allemagne, devenue puissance coloniale, chaque jour plus riche en hommes, conquiert sur tous les continents de nouveaux clients, que séduit le bon marché de ses produits. Le commerce anglais souffre de cette concurrence toujours grandissante. Or, la prospérité commerciale est indispensable à la grandeur de l'Angleterre et de son empire. Le Foreign Office ne doit jamais perdre de vue les intérêts commerciaux du pays. Pitt n'a-t-il pas été jusqu'à dire que « la politique anglaise, c'est le commerce anglais lui-même »? « British policy is british trade. » Tout concurrent commercial est pour l'Angleterre un adversaire : elle le combat avec autant d'ardeur que l'ennemi qui tenterait d'envahir le sol de ses possessions.

La rivalité anglo-allemande engendrera-t-elle un conflit? Ou bien les deux puissances continueront-elles à se menacer, sans qu'une guerre vienne troubler la paix européenne? L'avenir répondra. Prédire ce que sera demain serait téméraire. Aujourd'hui seul est certain — aujourd'hui, qui est fait d'hier.

C'est l'histoire du passé, le récit du présent, qui font l'objet de ce livre. M. Ernest Lémonon étudie la politique de la Grande-Bretagne à l'égard des grandes puissances européennes depuis 1882, date de la constitution de la Triple-Alliance, jusqu'aux événements de ces derniers mois. L'inimitié de l'Angleterre et de l'Allemagne fut la résultante d'événements connus, mais parfois mal compris : cet ouvrage jette sur ces faits une clarté décisive. Il est impossible de comprendre l'évolution qui s'est produite en ces dernières années dans la politique britannique, la rupture avec l'Allemagne et le rapprochement avec la France et la Russie, si l'on perd de vue la ligne suivie par le Foreign Office antérieurement, et notamment depuis 1882.

Ce livre se recommande par l'abondance et la sûreté de la documentation, par la modération et l'impartialité des jugements; il séduira aussi le lecteur par sa précision. M. Ernest Lémonon est un juriste, qui a acquis à la barre l'habitude de la méthode et de la simplicité. Il sait l'art de démêler et d'exposer un dossier touffu. Les lecteurs des grandes revues de droit international, ceux de son bel ouvrage, qui fait autorité, sur la seconde Conférence de la Paix, ont apprécié déjà sa façon d'examiner séparément les questions, tout en les réunissant par des références exactes à l'idée générale qui les domine. Epris de solutions pratiques, M. Ernest Lémonon a souvent quitté le domaine du droit pur et de la théorie, pour donner dans nos grandes revues littéraires et politiques d'excellentes études sur des points de politique internationale. *Le Correspondant*, *La Revue politique et parlementaire*, *Les Questions diplomatiques et coloniales* ont déjà publié de très nombreux articles où il a prouvé sa compétence. Écrivain de droit, il s'est essayé à l'histoire diplomatique ; il y a pleinement réussi. La science de la diplomatie et celle du droit ne sont-elles pas sur plusieurs points mitoyennes ?

La tâche qu'il a entreprise était difficile. Les grands faits qu'il étudie étaient, dans leur ensemble, connus ; divers ouvrages, quelques-uns de grande valeur, avaient déjà traité de ces matières. M. Ernest Lémonon s'est proposé d'offrir pour la première fois un tableau d'ensemble de la politique contemporaine de la Grande-Bretagne, négligeant les détails déjà révélés, faisant connaître les faits encore ignorés. Il a voulu aussi dégager les idées maîtresses et montrer pourquoi l'Angleterre resta jusqu'en 1901 l'amie, sinon l'alliée de l'Allemagne et des deux autres puissances de la triplice, l'Autriche-Hongrie et l'Italie. Dans les premiers chapitres, il raconte l'histoire de l'amitié anglo-triplicienne et de l'inimitié anglo-duplicienne, les causes et les manifestations de cette inimitié, les grands procès qui se débattirent entre Londres et Paris, l'affaire égyptienne et l'affaire tunisienne, les difficultés qui nous furent suscitées dans l'Afrique occidentale, à Madagascar, au Tonkin, au Siam, à Terre-Neuve; puis, le conflit anglo-russe, en Orient, notamment dans la péninsule balkanique, dans l'Asie occidentale et dans l'Asie centrale, en Perse, en Afghanistan, au Thibet et en Chine.

Pendant cette période, qui s'étend jusqu'en 1901, les relations de l'Angleterre avec l'Allemagne, l'Autriche-Hongrie et l'Italie étaient aussi cordiales que ses rapports avec la France et la Russie étaient difficiles. Bismarck, M. de Caprivi, M. de Hohenlohe tenaient à l'amitié anglaise; de leur côté, Gladstone et tous les ministres conservateurs qui lui succédèrent, Rosebery, Salisbury, M. Chamberlain, qui, au Colonial Office, joua un si grand rôle dans la politique britannique, étaient animés à l'égard de l'Allemagne des dispositions les plus conciliantes. Partout, les deux gouvernements s'entendaient, et quand des difficultés se produisaient, ils se hâtaient avec une bonne volonté réciproque de les résoudre. Londres, distrait par sa lutte contre Paris et Pétersbourg, ne voyait pas encore clairement les progrès formidables de l'Allemagne. Malgré les enquêtes qui montraient la baisse du commerce britannique, malgré les réclamations des industriels et des commerçants qui réclamaient de nouveaux marchés, malgré la loi de 1898 qui constituait la marine allemande, Londres ne s'inquiétait pas et prétendait plaisamment avec M. Chamberlain que l'Allemagne n'était pas si redoutable qu'on se l'imaginait.

Mais la question mandchourienne montra tout à coup à l'Angleterre le jeu allemand. Londres aperçut enfin la rivalité économique et navale de

Berlin. A l'amitié confiante qui avait depuis de si longues années uni les deux gouvernements succéda une violente inimitié. A partir de 1901, et malgré diverses tentatives de rapprochement, le Foreign Office et la Wilhelmstrasse n'ont cessé de se quereller, défendant sur toutes les questions avec opiniâtreté, des opinions résolument contraires. Tandis que Londres s'éloignait ainsi de Berlin, l'entente cordiale anglo-française se nouait; puis, les ententes méditerranéennes et l'entente anglo-russe, qui constituent une solide barrière contre les tentatives d'hégémonie allemande.

M. Ernest Lémonon écrit l'histoire du rapprochement anglo-duplicien et montre tous les avantages que Londres, Paris et Pétersbourg retirent de leur entente. Il expose aussi les relations de l'Angleterre avec l'Autriche-Hongrie et l'Italie depuis 1882, relations le plus souvent cordiales, surtout avec Rome, qui tend à s'éloigner de la Triple-Alliance. Berlin ne s'appuie plus vraiment aujourd'hui que sur Vienne, et la crise orientale, que l'auteur étudie sous tous ses aspects, a fait apparaître une fois de plus les sentiments différents qui animent le Foreign Office et la Wilhelmstrasse.

La politique anglaise est, pour le moment, pacifique. Londres entretient les plus cordiales relations avec Paris, Pétersbourg, Rome, Madrid, Constantinople. La Grande-Bretagne tout entière souhaite la paix pour développer son commerce et son industrie; elle ne prétend à aucune extension de territoire; elle veut seulement, comme un de ses ministres le disait naguère, garder ce qu'elle a; elle espère que l'Allemagne, revenue à une politique plus mesurée, abondonnera ses rêves d'hégémonie.

M. Ernest Lémonon définit, en terminant, les devoirs de la triple-entente; il montre qu'en les remplissant, l'Angleterre, la France et la Russie travailleront pour la communauté internationale, en même temps que pour elles-mêmes. Son livre sera, sans doute, fort goûté outre-Manche; il sera lu ici avec la plus vive attention et apprécié à sa valeur par tous ceux qu'intéressent notre politique extérieure et la politique générale de l'Europe.

# DISCOURS

PRONONCÉ A LA SÉANCE D'INAUGURATION DU CONGRÈS
DES ANCIENNES COLONIES, LE 11 OCTOBRE 1909

Messieurs,

Au nom de l'*Union Coloniale Française*, organisatrice de ce Congrès, j'ai l'honneur de vous souhaiter la bienvenue et je vous remercie d'avoir répondu en si grand nombre à son appel.

L'année dernière, le Congrès de l'Afrique du Nord, qui fut si brillant par la valeur de ses travaux et le talent de ses orateurs, avait pour président mon éminent ami Étienne, à qui revenait naturellement cette noble tâche. Un pénible accident l'empêcha de prendre place à ce fauteuil. Vous vous rappelez avec quelle autorité M. Chailley le suppléa. Je suis fier de succéder à ces deux hommes, qui ont rendu à la cause coloniale de si éclatants services. Je reporte l'honneur de ce choix à mes collègues de la Chambre qui, depuis plus de cinq ans, m'ont confié la présidence de la Commission des affaires extérieures, des protectorats et des colonies.

En me désignant pour diriger vos délibérations, vous avez voulu saisir d'abord le Parlement de vos vœux et de vos doléances. J'en ai retrouvé l'exposé dans les remarquables études de nos très distingués rapporteurs, auxquels j'adresse l'expression de notre vive gratitude.

Nos anciennes colonies sont malheureuses : elles souffrent, matériellement et moralement. Les statistiques commerciales montrent leur décadence économique. Depuis bien des années, leur production, leur trafic, leur population sont en décroissance.

Elles se plaignent d'être négligées, oubliées. Elles se plaignent que la métropole réserve son intérêt, son assistance à ses jeunes et grandes possessions : l'Indo-Chine, Madagascar, l'Afrique occidentale, le Congo. A celles-ci une organisation décentralisée, des emprunts garantis par l'État, de grands travaux publics, qu'on refuse ou qu'on n'accorde qu'avec parcimonie aux filles aînées de la colonisation française. Elles en sont mortifiées, découragées jusqu'à l'amertume.

Cette crise, d'où naîtrait une désaffection dont nous avons pu déjà sur quelques points constater des symptômes, ne saurait se prolonger sans péril. Il appartient au Congrès d'en indiquer les causes et d'y préparer les remèdes.

Les causes sont multiples :

D'abord, une organisation politique et administrative surannée. Les antagonismes qui désolent certaines colonies et qui dégénèrent en luttes de races; l'instabilité des gouverneurs (45 en 45 ans en Guyane française); les irrégularités et les dilapidations financières; les scandales auxquels donne lieu le fonctionnement de la justice, montrent les vices de cette organisation et la nécessité de la réformer.

Depuis 1870, nos anciennes colonies vivent sous le régime des décrets, dans l'attente des lois organiques qui leur avaient été dès lors promises et dont l'élaboration est toujours différée. Le régime des décrets est un mode provisoire d'administration, ce n'est pas une Constitution. Le seul texte qui régit nos anciennes colonies est la loi de 1836, à peine modifiée; il date d'un autre temps, celui de l'esclavage, alors que n'existaient ni la navigation à vapeur, ni le télégraphe, ni aucune des conditions économiques et sociales de la vie moderne.

Il faut donc à nos colonies une Constitution : là-dessus l'opinion est unanime. Mais quelle doit être cette Constitution? C'est ici que les avis diffèrent. Faut-il adopter l'autonomie absolue, ou l'assimilation complète, ou un moyen terme? La charte doit-elle être commune à toutes nos possessions ou appropriée à chacune d'elles? Faut-il renforcer le pouvoir des gouverneurs ou celui des assemblées locales? Le régime électoral doit-il être modifié? Dans quelles conditions convient-il de promulguer les lois? Il appartient au Congrès de dégager une doctrine générale, qui jusqu'ici a manqué.

A côté de la question politique, se pose la question administrative. L'uniformité doit-elle être la règle? Tout doit-il être tranché dans les bureaux de Paris par l'administration centrale, ou faut-il laisser aux colonies une liberté plus large ? En matière de travaux publics, d'instruction publique, de finances, de régime douanier, de traités de commerce, quel doit être le rôle de la métropole ?

La cause principale de la décadence économique de nos anciennes colonies est le régime douanier imposé à la plupart d'entre elles par la loi du 11 janvier 1892, qui les traite en pays français pour les obliger à admettre en franchise les produits de la métropole, et comme pays étrangers en frappant de taxes douanières leurs denrées importées dans la métropole.

Elles protestent unanimement contre ce régime, qui ne profite même pas à la France, car si la décadence continue, quel trafic pourra-t-elle faire avec des clients réduits à la misère ?

De même que le Congrès de Marseille en 1906 et celui de Bordeaux en 1907, le Congrès de 1909 est appelé à se prononcer sur la loi de 1892 et à rechercher quel serait le régime douanier le plus favorable aux intérêts communs de la métropole et des colonies.

Le malaise économique a encore d'autres causes, telles que les conditions défectueuses de la production agricole. Il ne semble pas que, depuis cinquante ans, l'idée qu'on se fait de l'exploitation des anciens pays ait notablement changé. Alors qu'autour de nous tout a évolué, que des produits nouveaux sont entrés dans notre consommation journalière, que des produits anciens ont disparu, que des contrées jadis inexplorées sont mises en valeur d'une manière intensive, on retrouve aux Antilles et à la Réunion le même et presque unique produit. Le sucre, malgré l'avilissement des cours, est resté la base de la richesse publique.

A la Martinique, le commerce, en 1882, était de 67 millions de francs. Vingt-cinq ans après, en 1907, il était tombé à 34 millions. Il avait été plus bas encore, en 1904, avec 27 millions. C'est une diminution de moitié.

A la Guadeloupe, de 1882 à 1907, le commerce a passé de 68 à 29 millions, après avoir été de 26 millions en 1904. La diminution est de plus de moitié.

A la Réunion, les valeurs ont été de 59 millions

en 1880 et de 27 millions en 1907, après être tombées à 24 millions en 1906. La baisse est de plus de moitié.

A la Guyane, on reste frappé par l'insignifiance de notre action depuis trois siècles. Quelques petites exploitations vivrières, 40,000 habitants sur un sol plus grand que la France, une région aurifère lointaine, sans communications, sans organisation, sans police : telle est notre œuvre, à côté de celle si estimable des Hollandais au Surinam et des Anglais au Demerary.

A Saint-Pierre et Miquelon, la convention franco-anglaise de 1902, en sacrifiant nos droits à Terre-Neuve, a encore aggravé un état déjà fort critique. L'armement local tend à disparaître, et la diminution du nombre des pêcheurs venus de la métropole est rapide. Symptôme plus grave, la population émigre en nombre vers le Canada.

De toutes nos vieilles colonies, je pourrais tracer un tableau analogue. Il suffira d'énumérer les autres causes de ce triste bilan : la législation sucrière; les fraudes et falsifications, en particulier dans le commerce des cafés, des rhums et de la vanille ; la cherté des frets; l'organisation défectueuse du travail; sur certains points, tantôt l'insuffisance et tantôt la pléthore de la main-d'œuvre; l'exagération des taxes sur les mines et l'insuffisance de protection des exploitations et districts miniers, notamment à la Nouvelle-Calédonie; la vétusté et les lacunes de la réglementation des banques coloniales.

Ces problèmes ont provoqué l'envoi d'un nombre exceptionnel de rapports et de communications; les réformes à apporter aux conditions présentes de l'agriculture, de l'industrie, des transports, du crédit y sont étudiées avec une parfaite compétence et des solutions pratiques sont proposées.

Un dernier ordre de faits aggrave encore la détresse. Ce sont les causes de morbidité auxquelles les habitants sont exposés et l'absence ou l'insuffisance des règlements sur l'hygiène et la lutte contre les maladies endémiques et épidémiques.

Quoique les recherches des savants français et étrangers aient révélé les modes de propagation du paludisme, de la fièvre jaune, de la peste, et permis de déterminer très exactement la prophylaxie de ces maladies, rien ou presque rien n'avait été fait jusqu'à ces derniers temps pour tirer profit de ces découvertes et organiser la préservation de la lutte contre ces fléaux. L'épidémie de fièvre jaune qui éclata il y a deux ans à la Martinique la prit au dépourvu. Depuis lors, l'administration centrale s'est préoccupée d'améliorer la situation sanitaire de ces colonies, et tout récemment elle y a promulgué la loi sur l'hygiène publique en vigueur dans la métropole.

Les rapports que nous avons reçus à ce sujet, et dont plusieurs sont dus à des sommités techniques, n'envisagent pas seulement les mesures à prendre pour assurer une meilleure protection de la santé publique contre les maladies tropicales ; ils montrent aussi la possibilité d'utiliser les applications du froid dans l'aménagement de l'habitation coloniale, afin de protéger la population contre l'influence débilitante du climat.

Telles sont les idées qui ont inspiré le programme de notre Congrès, et sur lesquelles votre expérience et vos lumières nous seront si précieuses.

Nos anciennes colonies, tant que leurs protestations se sont produites isolément, ne sont point parvenues à se faire écouter. En se groupant pour faire connaître leurs plaintes, elles réussiront peut-être mieux. L'ouverture prochaine du canal de Panama, en changeant les courants commerciaux de la moitié du globe, va donner une vie nouvelle à des contrées aujourd'hui fort éloignées des grandes voies de circulation (1). La Pointe-à-Pitre et Fort-de-France, les plus belles rades des Antilles, seront les points de ravitaillement tout indiqués. Papeete, capitale de Tahiti, sera l'escale obligatoire des navires se dirigeant vers l'Australie. Le relèvement est possible, mais à la condition de prendre sans retard des mesures énergiques. Il vous appartient, messieurs, de les indiquer nettement. Vous avez trop peu de temps pour apporter des solutions à tous les problèmes, mais vous en avez assez pour donner sur les points essentiels des directions générales et précises, dont le Parlement et le gouvernement pourront s'inspirer.

(1) Voir PAUL DESCHANEL : *La Politique française en Océanie, à propos du canal de Panama* (1 vol., 1884) et *Les Intérêts français dans l'Océan Pacifique* (1 vol., 1885).

Avant de finir, laissez-moi envoyer l'hommage de notre affection aux populations de ces glorieuses colonies, à la noble famille française d'outre-mer. Je salue avec vous la mémoire des premiers colons, qui par leur attachement inébranlable à la France et par des luttes deux fois séculaires, surent conserver à notre pays les terres qu'ils avaient conquises. Ces terres, arrosées de leur sang, nous sont d'autant plus chères que nous les devons au sacrifice des héros obscurs, qui sans secours de la métropole, souvent sans soldats et sans argent, ne puisant leur force que dans leur foi en la patrie, surent mourir pour nous les léguer. En nous efforçant de rendre à leurs fils une vie plus active et plus heureuse, nous acquittons une dette sacrée. En travaillant à accroître la richesse et la force de nos colonies, de toutes nos colonies, nous réalisons notre unique pensée : la grandeur de la France et de la République, condition nécessaire du progrès humain.

# DISCOURS

PRONONCÉ A LA CHAMBRE DES DÉPUTÉS, LE 27 DÉCEMBRE 1909

## BUDGET DES AFFAIRES ÉTRANGÈRES

M. PAUL DESCHANEL, *rapporteur*. — Je n'ai que de courtes observations à présenter au nom de la commission du budget. La question de mon honorable ami M. Arago, que je remercie de ses bienveillantes paroles, et la réponse de M. le ministre des Affaires étrangères ont simplifié ma tâche.

Nous avions observé que, de tous les grands États, la France est celui qui tire de ses taxes consulaires les moindres ressources, trois fois moins que la Grande-Bretagne, huit fois moins que les États-Unis. Certains États payent la totalité des dépenses de leur office des Affaires extérieures au moyen des tarifs de chancellerie.

J'avais prié M. le ministre de mettre cette question à l'étude. Il a nommé une commission, qui a réussi à se procurer près d'un million de ressources nouvelles. Mais elle s'en est tenue là. Elle a déclaré qu'elle ne pouvait faire davantage et elle a clos ses travaux. Je le regrette, et voici pourquoi.

Elle-même a reconnu que nous pourrions obtenir encore d'importantes ressources en recourant comme certains pays, tels que les États-Unis et les États de l'Amérique latine, à la formalité de la facture consulaire, c'est-à-dire une pièce indiquant le prix et la quantité des marchandises importées et visées dans un poste consulaire français.

Cette taxe, si elle était appliquée à la totalité de nos importations, produirait, même au taux moyen de 10 centimes par 100 francs, une recette de 7 à 8 millions, c'est-à-dire à peu près la moitié de notre budget des Affaires étrangères. Je n'en demande pas tant, au moins pour commencer; mais, en nous en tenant strictement au principe de la réciprocité admis par la commission, nous pourrions recueillir encore plus d'un million par an. Il suffit de regarder nos tarifs de douanes et ceux des nations qui nous environnent pour voir qu'une taxe aussi réduite ne pourrait nuire en rien à nos industries et à nos ports.

M. CHAUMET. — Je vous demande pardon !

M. LE RAPPORTEUR. — Nous pourrions la réduire encore pour certains produits, tels que les matières premières, — je réponds ainsi à la pensée de mon ami M. Chaumet, — et l'augmenter légèrement pour d'autres. (*Très bien ! très bien !*).

Je demande à M. le ministre de vouloir bien reprendre l'examen de la question dans le sens que j'indique.

M. LE MINISTRE DES AFFAIRES ÉTRANGÈRES. — Certainement !

M. LE RAPPORTEUR. — Il est une seconde réforme dont nous attendions également de nouvelles ressources : c'est la suppression ou la réduction des postes devenus inutiles ou excessifs.

...Vous vous souvenez que, sur ma demande, une enquête avait été poursuivie auprès de tous nos agents. Je vous en avais apporté, l'année dernière, les résultats. Vous en aviez adopté les conclusions. Or, le ministère n'en a pas suffisamment tenu compte...

M. LE MINISTRE DES AFFAIRES ÉTRANGÈRES. — Le ministère du Commerce a fait des observations.

M. LE RAPPORTEUR. — Voilà des conflits d'attributions et de responsabilités regrettables! (*Très bien! très bien!*)

Même en tenant compte des observations présentées par le ministère du Commerce, je dis que le gouvernement n'a pas suffisamment tenu compte des votes de la Chambre, puisque, depuis deux ans, il a continué de pourvoir de nouveaux titulaires un assez grand nombre de postes dont nos agents eux-mêmes avaient demandé la suppression ou la réduction.

Passe encore pour Carthagène et pour Helsingfors, qui ont trouvé ici des défenseurs; passe pour certains postes de l'empire ottoman, à cause des circonstances politiques...

M. le ministre des Affaires étrangères. —
C'est cela !

M. le rapporteur. — ... mais Tarragone, Alicante, Trieste, Fiume, Venise, Florence, Jassy, par exemple, qui auraient dû disparaître ou subir une transformation et qui, depuis deux ans, ont été pourvus d'un et quelquefois même de plusieurs titulaires ! — Sans parler de Marache, des Dardanelles, de Galveston, de Tampico, de Jaffa, qui pourraient être supprimés sans inconvénient; de Zurich et de Tchentoug, qui pourraient être transformés en consulats; de Cagliari, de Fou-Tchéou, de Philippopoli et de Monastir, qui pourraient être transformés en vice-consulats. Je demande — ce n'est pas bien ambitieux ! — que le ministre nous fasse connaître, avant le vote du budget, les postes qui doivent être supprimés les premiers.

M. le ministre des Affaires étrangères. —
Soit !

M. le rapporteur. — Je sais bien, mon cher ministre, que vous n'êtes pas toujours libre; je connais assez les difficultés qui vous assaillent : c'est justement pour garantir votre indépendance, que la Chambre, il y a deux ans déjà, en 1907, vous avait invité à déposer un statut de la carrière diplomatique et consulaire. Ici encore, je crains d'éprouver une déception et vos agents l'éprouveront comme moi. Dans votre pensée comme dans la mienne, ce statut aurait pu être voté à part; ce sont, en effet, des dispositions spéciales aux agents du ministère des Affaires étrangères.

Or, si je suis bien informé, le Conseil des ministres a décidé d'en ajourner le dépôt après le statut général de toutes les administrations. (*Exclamations.*)

*Un membre à gauche.* — Aux calendes grecques !

M. LE RAPPORTEUR. — C'est-à-dire que la législature s'achèvera sans que nos études et nos efforts aient abouti. Je le regrette vivement.

J'aurais voulu des garanties contre ces nominations irrégulières qui retardent l'avancement, la retraite, les droits de tous nos agents. (*Très bien ! très bien !*)

Je sais bien que ce n'est pas vous seul qui êtes ici en cause, c'est le Parlement, ce sont, mes chers collègues, les influences politiques! (*Très bien! très bien!*) Nous en prenons parfois trop à notre aise, permettez-moi de vous le dire, avec les droits, le labeur, la santé, la vie de ces milliers de braves gens, de bons Français qui portent avec honneur au loin le drapeau de la France! (*Applaudissements.*)

Je n'ai jamais demandé — contrairement à ce que certaines personnes m'ont fait dire — que les postes d'ambassadeurs ou de ministres fussent réservés exclusivement aux agents de la carrière. A une telle règle la France eût perdu quelques-uns de ses plus éminents serviteurs au dehors : les Cambon, Barrère, Révoil et M. Pichon lui-même. Ce que je demande, c'est qu'un certain nombre de postes de ministres plénipotentiaires soient réservés aux agents de la carrière, notamment aux consuls; je souhaiterais que le statut, en rétablissant l'égalité entre les consuls et les diplomates, ramenât l'harmonie entre des agents également méritants et dévoués, qui servent la France d'un même cœur. (*Très bien! très bien!*)

Est-ce que les affaires économiques et les affaires politiques ne sont pas de plus en plus intimement mêlées? (*Très bien! très bien!*) Est-ce qu'un bon consul ne doit pas être en même temps diplomate? Est-ce qu'un bon diplomate ne doit pas connaître les affaires industrielles, commerciales et financières? (*Applaudissements.*)

Nous réclamons aussi des garanties contre les déplacements trop fréquents. Les Chambres de commerce se plaignent de ce que nos consuls soient trop souvent déplacés et envoyés dans des pays dont ils ne parlent pas la langue. Un agent qui ignore la langue du pays où il est envoyé est plus nuisible qu'utile. Si certains agents n'ont jamais quitté le quai d'Orsay, d'autres voyagent toujours; ce sont les nomades.

L'*Annuaire* abonde en exemples de cette sorte. En voici quelques-uns; — rassurez-vous, je ne citerai pas de noms.

Voici un agent qui a résidé successivement dans l'Afrique du Sud, dans la République Argentine, en Birmanie, en Russie, en Grèce. En moins de quinze ans, il a occupé six postes dans les conditions les plus diverses, ce qui représente, défalcation faite des congés, environ deux ans et demi dans chaque poste.

Un autre a été en Afrique, en Turquie, en Amérique, en Bulgarie, au Siam, au Japon, en Chine, en Égypte et en Russie, soit neuf postes en vingt et un ans (moyenne, y compris les congés : à peine deux ans et demi par poste).

Un troisième a été à Hambourg, San-Francisco, Chicago, Montevideo, Cardif, Lima, Buenos-Ayres, Varsovie, Budapest, Novorossiist, Vienne, Alicante; treize postes en vingt-cinq ans (moyenne : deux ans par poste).

Un quatrième a été à Genève, Berne, Vienne, Barcelone, Rio-de-Janeiro, Francfort, Valparaiso, Hambourg, Van, Las-Palmas, Siwas, Porto-Rico, treize postes en vingt-quatre ans (moyenne, pas deux ans par poste).

Un autre a résidé en Autriche, en Espagne, en Grèce, en Amérique, en Roumanie, en Asie, en Italie; il a occupé dix postes en dix-neuf ans. En tenant compte des congés, il a séjourné moins de deux ans en moyenne dans chaque poste.

En dix ans, nous avons eu six ministres en Perse !

Il serait intéressant de faire le total de ce que tous ces agents ont coûté en frais de voyage, d'établissement, etc., et je vous demande quels services ils peuvent rendre?

De même, on déplace beaucoup trop souvent les jeunes secrétaires d'ambassade et surtout les élèves vice-consuls, qui occupent parfois trois ou quatre postes en cinq ou six ans, avant d'être nommés vice-consuls. Et, presque toujours, ce sont ceux qui sont entrés irrégulièrement qui voyagent le plus.

Et je vous demande aussi quels services peut rendre un attaché commercial qui ne connaît rien du pays où on l'envoie, qui n'en sait pas la langue, qui n'y a aucune relation? A quoi bon voter des crédits, s'ils doivent être employés ainsi? (*Applaudissements.*)

Mon ami M. François Arago, avec l'expérience que lui donne son passé dans la carrière diplomatique, a parlé des traitements, dont mes éminents prédécesseurs, MM. Dubief et Gervais, avaient signalé, avant moi, l'insuffisance. Oui, les indemnités de loyer et les dépenses des résidences sont inférieures en France à ce qu'elles sont chez les autres peuples.

On se plaint parfois du tour d'esprit un peu

spécial de cette maison. Il ne faut pas en chercher la raison ailleurs que dans cette sorte de prime à la richesse qui est un contre-sens dans une démocratie, (Très bien! très bien!) et qui ferme l'accès de cette carrière aux jeunes gens sans fortune. (Applaudissements.)

Il ne pourrait être question d'affecter une recette spéciale à une dépense spéciale, mais j'avais insisté très vivement auprès de M. le ministre des Finances pour qu'un crédit nouveau fût affecté, dès l'année prochaine, au traitement des agents insuffisamment rétribués.

M. le ministre des Affaires étrangères avait préparé un projet qui consistait à inscrire 400,000 francs à l'exercice 1910 et 200,000 francs à l'exercice 1911. Peut-être y a-t-il un moyen de tout concilier et de ne rien faire perdre à nos agents, c'est d'inviter M. le ministre des Affaires étrangères à inscrire dans le projet de budget de l'exercice 1911 les 600,000 francs qu'il voulait répartir sur les deux exercices.

M. FRANÇOIS DELONCLE. — Il faut inviter le gouvernement et non pas seulement le ministre.

M. LE RAPPORTEUR. — C'est entendu.

En attendant, la commission du budget a pu augmenter les crédits de certaines œuvres à l'étranger. Ainsi, nous avons alloué 30,000 francs à l'Institut français de Florence. L'université de Grenoble, où les études sur l'Italie ont pris un brillant essor, a fondé, l'année dernière, sur l'initiative d'un de ses jeunes professeurs, M. Luchaire, une succursale à Florence, afin de nouer des relations intellectuelles plus étroites entre les deux pays et de répandre notre langue au delà des Alpes.

D'une part, on y enseigne les sciences historiques relatives à l'Italie et l'étude de la langue italienne. D'autre part, on y apprend le français aux futurs professeurs de l'État.

Le français est la seule langue obligatoire en Italie dans l'enseignement secondaire, mais seulement dans les classes correspondant aux classes de 5$^e$, de 4$^e$ et 3$^e$ de nos lycées et à notre enseignement moderne.

Il n'y a de cours de français que dans cinq Facultés. Ces lacunes préoccupent depuis longtemps les Italiens. Le gouvernement prépare en ce moment une vaste réforme de l'enseignement secondaire et il se propose de donner une place beaucoup plus grande à l'enseignement du français. L'Institut aidera l'Italie à recruter le nouveau personnel qui lui sera nécessaire.

Vous savez les efforts considérables faits par l'Allemagne pour développer la culture et l'influence germaniques dans la péninsule. L'Institut de Florence, qui a été accueilli en Italie avec la plus cordiale sympathie, ne présente donc pas seulement un intérêt pédagogique et scientifique; il présente un haut intérêt international. (*Très bien! très bien!*)

Tout à l'heure, M. le ministre des Affaires étrangères, rappelant les paroles de M. Millevoye, faisait allusion aux fêtes inoubliables où les deux peuples et les deux armées ont fraternisé en de glorieux souvenirs; il est bon, il est nécessaire que les universitaires, que les savants des deux pays se rapprochent aussi toujours davantage. (*Applaudissements.*)

Nous vous proposons ensuite d'allouer une subvention de 12,000 francs à l'école française de Bruxelles, fondée par la Chambre de commerce.

Le succès qui l'a accueillie montre à quel point elle est utile. Elle compte à l'heure actuelle 141 élèves, dont 41 boursiers français. Le déficit du premier exercice s'est élevé à environ 40,000 francs et a été comblé par les dons de nos nationaux établis en Belgique. Si la réforme des taxes consulaires se poursuit, j'espère qu'il sera possible d'accorder l'année prochaine une subvention plus élevée à cette école.

La commission du budget a voté aussi 3,000 fr. pour l'extension de la langue française en Louisiane.

Un grand nombre de familles louisianaises désirent que leurs enfants connaissent la langue, la littérature et les traditions de leurs aïeux. L'*Alliance franco-louisianaise* a organisé dans les écoles publiques cinquante classes avec un personnel de vingt-cinq professeurs, mais elle n'a pu, faute de ressources, répondre aux nombreuses demandes d'ouvertures de cours. Nos 3,000 francs sont tout à fait insuffisants, et nous sommes obligés de demander à la Chambre, si elle ne veut pas interrompre l'œuvre si bien commencée, d'accorder 5,000 francs de plus pour permettre à l'*Alliance* d'ouvrir les cours qui sont demandés. Les résultats déjà obtenus pourraient être compromis, si nous ne faisions pas cet effort.

Nous éprouvons d'autant moins de scrupule à formuler cette demande, qu'il n'y a pas un seul libraire français aux États-Unis et que, sur 15,000 professeurs de français, il n'y a que 500 Français : de sorte que notre littérature et notre langue n'eussent apparu que défigurées par des lèvres étrangères, si d'éminents conférenciers et nos plus grands acteurs n'avaient vaillamment défendu, là comme partout, le génie de la France. (*Très bien! très bien!*)

La commission a augmenté de 10,000 francs le crédit des œuvres françaises au Maroc. L'œuvre scientifique accomplie dans ce pays est jusqu'à ce jour presque exclusivement française. Les travaux de topographie, de géologie, de linguistique sont des travaux de savants français. L'histoire du Maroc va devenir elle-même une œuvre française, grâce à la grande collection historique entreprise par M. de Castries, en partie d'après les documents manuscrits disséminés dans les archives et les bibliothèques des principaux États d'Europe. Vous apercevez l'importance pratique de cette œuvre : les erreurs politiques proviennent trop souvent de l'ignorance du passé.

M. le ministre, se conformant aux résolutions votées par la Chambre, avait prévu dans son projet de budget 100,000 francs de plus pour la diffusion de la langue française en Orient. M. le ministre des Finances avait demandé, par raison d'économie, la radiation de ce crédit. La commission du budget l'a rétabli. Dans sa pensée, ce crédit devra être affecté au payement de l'annuité pour la construction du lycée de Salonique, conformément à la loi récemment votée, au lycée français du Caire, qui, commencé avec de faibles ressources, est en pleine prospérité, au collège français de Port-Saïd, qui réussit également, mais qui se trouve à l'étroit et qui va être obligé de refuser des élèves, si nous ne lui venons en aide, etc. Enfin, à Constantinople et ailleurs, il faut nous préoccuper de développer l'enseignement professionnel et commercial. (*Très bien ! très bien !*)

J'ajoute que nous devrons, l'année prochaine,

accroître les ressources désormais insuffisantes de nos œuvres d'Extrême-Orient. Il faut prévoir la solde d'un médecin à l'établissement bactériologique qui doit être installé, avec le concours de l'institut Pasteur, auprès de l'hôpital international de Pékin, la solde d'un médecin à Tokio, où la médecine française n'est même pas représentée, et la solde d'un médecin à Canton, où nos docteurs, malgré tout leur dévouement, ne peuvent plus suffire à un labeur écrasant.

La propagande scolaire exige un effort analogue. Une intéressante tentative vient d'être amorcée à Shanghaï, grâce au dévouement de la municipalité, qui a consenti à subventionner l'enseignement primaire et primaire supérieur des enfants de la colonie française; une subvention à cette école est indispensable.

Il conviendrait d'allouer une subvention à la *Société franco-japonaise* de Tokio, dont le dessein principal est le développement de l'enseignement du français.

Nous avons eu largement recours jusqu'ici à l'aide de l'Indo-Chine; malheureusement, la participation de notre colonie aux frais de notre propagande, au lieu de suivre le développement de nos œuvres, se restreint de plus en plus, à cause des économies qu'on lui demande et aussi à cause de l'état de l'opinion, qui réclame la diminution des sacrifices faits pour la France en dehors des limites mêmes de nos possessions.

En allouant à nos œuvres françaises à l'étranger ces quelques subventions bien modestes relativement à celles que les États étrangers consacrent aux leurs, nous prenons en quelque sorte une assurance nationale; nous faisons un placement sûr, car le commerce suit la langue. (*Très bien! très bien!*)

Nous devons défendre notre langue comme notre territoire. (*Applaudissements.*)

La langue française n'est plus, malheureusement, comme au commencement du dix-neuvième siècle encore, la première des langues européennes; elle n'est plus que la quatrième; non que nous ayons perdu du terrain, mais les autres en ont gagné. Nous ne pouvons plus songer à substituer notre langue à la leur. Mais un rôle nouveau s'offre à nous. A mesure que les relations internationales deviennent plus étroites et plus fréquentes, il faudra de plus en plus à l'ensemble du monde civilisé, à côté des langues nationales, un idiome commun, une langue complémentaire, qui permette aux peuples d'échanger aisément leurs sentiments et leurs idées. (*Très bien ! très bien !*)

Dans une occasion récente, aux fêtes du vingt-cinquième anniversaire de l'*Alliance Française*, j'ai essayé de montrer que la langue française peut devenir la langue auxiliaire du monde civilisé, parce qu'elle est mieux préparée qu'aucune autre à ce rôle. (*Très bien ! très bien !*)

Mais il ne suffit pas de proclamer cette vérité, il faut la mettre en œuvre. C'est ce que fait la commission du budget, en fortifiant, dans la mesure de nos ressources, nos œuvres à l'étranger et en s'efforçant d'accroître le rayonnement de la langue et du génie français. Nous avons confiance que la Chambre voudra bien ratifier ses résolutions et encourager son initiative patriotique. (*Vifs applaudissements.*)

# LES ÉLECTIONS ANGLAISES

Après une conférence de M. André Siegfried,
au Musée Social, le 25 février 1910

Je suis heureux, Mesdames et Messieurs, de saluer avec vous ce jeune et brillant talent. Je connaissais l'écrivain, par ses remarquables livres sur *La Démocratie en Nouvelle-Zélande* et sur *Le Canada*, je ne connaissais pas l'orateur. Il disait tout à l'heure, en parlant des Celtes : « Partout où ils sont, il y a de la vie. » Eh bien, partout où vous serez, mon cher monsieur André Siegfried, il y aura de la vie, et, bien que nous ayons assez de vie et parfois même de bruit au Palais-Bourbon, je souhaite que vous y veniez le plus tôt possible ! Vous suivez dignement les traditions d'une noble famille et vous portez avec distinction le nom d'un homme qui nous est cher et qui conquiert chaque jour ici même de nouveaux titres à la reconnaissance du pays.

Vous avez mis très exactement en lumière les résultats des récentes élections britanniques.

Dans la dernière Chambre, le parti libéral avait une énorme majorité, il pouvait par conséquent gouverner sans le concours des Irlandais et des socialistes. Or, il a perdu plus de cent voix ; donc, dans cette Chambre-ci, il a besoin, pour gouverner, des 80 Irlandais et des 40 travaillistes, qui sont les arbitres de la situation : voilà le fait.

Quelles sont les causes de ce recul du parti libéral ?

Il semble pourtant que la constitution territoriale et sociale de nos voisins, où les lords possèdent la sixième partie du territoire, où un seul lord est propriétaire de l'étendue d'un département français, où, de trois ducs, le moins fortuné a 25 millions de rentes, il semble qu'un tel état social ne soit pas pour décourager les auteurs d'une réforme fiscale avec taxes progressives ?

Et quant à la réforme de la Chambre des lords, tout le monde en est partisan en principe. Sans doute, tout le monde n'est pas d'accord sur les moyens de la réaliser, mais tout le monde est d'accord sur le principe d'une réforme, même dans le parti conservateur. Alors, comment expliquer ce recul considérable du parti libéral? C'est que, Mesdames et Messieurs, au-dessus de la question fiscale et au-dessus de la question des lords, deux problèmes vitaux se sont dressés devant le peuple anglais.

Le premier, c'est la question de la terre, c'est la décadence de l'agriculture anglaise. Depuis 1870, les terres ensemencées en blé ont diminué de moitié; les importations de blé qui, en 1870, représentaient 40 p. 100 de la consommation, s'élèvent aujourd'hui à 85 p. 100; les revenus de la terre qui, en 1870, étaient évalués à un milliard et demi de francs, sont tombés à un milliard cinquante mille francs; les ouvriers agricoles ont diminué également de moitié. De sorte que, tandis que le coton, la houille, le fer, l'acier sont restés libre-échangistes, les campagnes sont venues et viennent tous les jours à la protection, comme l'agriculture continentale. Voilà la première cause.

Il y en a une autre, c'est la question de la suprématie navale. Oh! assurément tous les partis, en Angleterre, sont fidèlement attachés à la doctrine du double pavillon, c'est-à-dire que tous entendent que la flotte britannique soit plus puissante à elle seule que les deux flottes étrangères les plus puissantes réunies, car c'est la condition même de l'indépendance nationale. Il n'en est pas moins vrai que les tendances pacifistes des radicaux avancés les ont inclinés à prêter une oreille complaisante aux propos de Guillaume II, et que l'époque des lettres de l'Empereur à lord Tweedmouth est précisément celle où l'Allemagne essayait de regagner par surprise l'avance gagnée par l'Angleterre. Cette année même, les crédits mis à la disposition de l'amirauté allemande dépassent de trente millions de francs les crédits affectés à la construction et à l'armement des navires anglais.

C'est là-dessus que le chef du parti conservateur, M. Balfour, a fait sa campagne, et les libéraux, dans Londres, et en particulier M. John Burns ont dû concentrer tous leurs efforts pour résister à la poussée patriotique et affirmer très haut leur attachement indéfectible et, désormais, plus vigilant que jamais, au principe du double pavillon. C'est-à-dire que l'instinct de conservation nationale a parlé plus haut que tout chez le peuple anglais et a rejeté au second rang la réforme fiscale et la question de la Chambre des lords.

Cette question de la Chambre des lords, M. Siegfried vous l'a très bien exposée. Il vous a montré les embarras de M. Asquith. Dans le camp libéral, certains hommes veulent réduire la Chambre Haute à l'état de Chambre d'enregistrement, en lui laissant un simple veto suspensif, un droit de remontrance; après un premier veto, la Chambre des Communes pourrait passer outre; d'autres veulent simplement modifier le mode de recrutement de la Chambre des lords.

Je suis bien tranquille; je me rappelle ce qui s'est passé chez nous. Il y a quinze ans, certains hommes, qui avaient la prétention d'être « avancés », pour lesquels nous étions, nous, des « réactionnaires », prétendaient que la seule Constitution vraiment démocratique, c'était l'Assemblée unique. Ils criaient: « Sus au Sénat! » — « Pourquoi deux Chambres? disaient-ils: ou elles sont d'accord, et c'est inutile, ou elles ne le sont pas, et c'est le conflit! »

Nous, nous répondions : « Permettez! Il peut y avoir des entraînements populaires, soit à droite, soit à gauche, il y a des lois mal faites à réviser, il y a des dépenses excessives, — les démocraties sont naturellement dépensières! — donc il faut un contrôle, un frein; or, le contrôle, c'est le Sénat. »

L'autre jour, dans la discussion des retraites, j'entendais un ministre socialiste soutenir cette thèse, que le législateur doit se borner à poser des principes généraux, et que c'est aux règlements d'administration publique à les mettre en œuvre. Voilà où l'on en est aujourd'hui!

Eh bien, je suis bien tranquille sur ce qui va se passer en Angleterre. On arrivera certainement à modifier le mode de recrutement de la Chambre des lords, car tout le monde admet la nécessité d'une réforme, et alors cette Chambre gagnera en autorité parce qu'elle aura des racines populaires. Mais, quant à réaliser en fait une

Chambre unique, non! l'admirable sens politique du peuple anglais saura bien mettre les choses au point! Et, sans aller si loin, il est aisé de prévoir ce qui va se passer. Ou bien la Chambre des lords conservera son veto dans les matières législatives autres que les matières financières, elle en profitera pour rejeter le « home rule », et les Irlandais passeront aux unionistes; ou bien au contraire le gouvernement présentera un bill tendant à annihiler la Chambre des lords, et les lords repousseront le bill, la dissolution s'ensuivra, on ira de nouveau devant les électeurs, et cette fois les élections se feront sur la question du « home rule », terrain plus favorable aux conservateurs. C'est là qu'ils attendent les libéraux.

Quant à nous, Français, notre intérêt, — bien au-dessus de la question douanière, — c'est la conservation de la suprématie navale et l'accroissement de la puissance militaire de la Grande-Bretagne, parce qu'ils sont une des garanties les plus puissantes de l'indépendance européenne.

La politique traditionnelle de l'Angleterre a toujours consisté à s'opposer à toute hégémonie européenne menaçante. L'Espagne en a su quelque chose ; la France en a su quelque chose au temps de Napoléon. En 1870, l'Europe a commis une effroyable faute en laissant écraser la France ; elle n'en a plus à commettre. L'union intime et la puissance croissante de la France, de l'Angleterre et de la Russie : voilà les conditions essentielles de notre sécurité et de la paix du monde.

# LA SITUATION EN TURQUIE

Après une conférence de M. René Moulin
a la " Société des Amis de l'Orient ",
le 29 février 1910

Mesdames et Messieurs,

Je remercie la *Société des Amis de l'Orient*, — cette société qui, fondée il y a deux ans, compte déjà 2,000 membres et a rendu tant de services — de l'honneur qu'elle a bien voulu me faire en me conviant à présider cette belle réunion.

C'est une bonne fortune pour moi d'applaudir l'éloquente parole de M. René Moulin, dont le nom est cher à tous les amis de la diplomatie et de l'armée. Je lui dirais volontiers ce que

Louis XIV disait à un prédicateur illustre : « Je vous louerais davantage, si vous m'aviez moins loué. » J'avais lu, comme vous, les remarquables travaux du rédacteur en chef de la *Revue hebdomadaire*, du directeur du *Mois colonial*, sur notre politique extérieure. J'avais suivi ses voyages au Turkestan, au Maroc, en Orient. Je me réjouis d'avoir découvert l'orateur. Nul n'était mieux qualifié pour parler des hommes et des choses qu'il vient de voir sur place.

Mesdames et Messieurs, la France a admirablement compris le caractère de la révolution jeune-turque, caractère national, mouvement de résistance aux pressions et aux ingérences étrangères. C'est le patriotisme blessé de l'armée qui a fait ce mouvement. Niazi a expliqué l'exaspération qui le poussa à devenir un des deux héros militaires de la révolution par ce fait que, étant chargé de traquer les bandes, chaque fois qu'il avait agi, les consuls étrangers intervenaient et faisaient relâcher ses prisonniers.

Vous savez par quel cruel paradoxe cette révolution nationaliste eut pour premier effet de consommer le détachement de la Roumélie, de la Bosnie et de l'Herzégovine.

La sagesse et la modération du nouveau gouvernement dans ces pénibles épreuves lui ont conquis le respect et les sympathies de l'Europe. Or, la modération qui a présidé à l'établissement du nouveau régime pourra seule le consolider. L'Europe sait qu'elle ne peut pas laisser recommencer ailleurs, du côté de la Crète, par exemple, ce qui s'est passé en Roumélie et en Bosnie-Herzégovine, car les Turcs, cette fois, ne sauraient être menacés d'une mutilation nouvelle sans recourir à la force. Or, je ne crains pas de dire qu'une guerre, même victorieuse, serait pour la jeune Turquie le plus grand des malheurs. Elle a surtout besoin de temps. Elle a besoin de se faire des hommes. Les anciens ont disparu, et les nouveaux n'ont pas encore eu le temps de se former.

On n'a pas toujours été très juste pour le nouveau gouvernement. Il est aux prises avec de graves difficultés. Il a entrepris de grandes choses. 2,500 fonctionnaires ont été licenciés ou mis hors cadre; des gouverneurs nouveaux ont été nommés dans presque toutes les provinces, et plusieurs chrétiens ont été nommés gouverneurs de provinces musulmanes. Une inspection administrative a été créée, et aussi une Sûreté générale. Le ministère des Finances a été complètement réorganisé. M. René Moulin vient de faire passer sous vos yeux le nouveau programme de travaux publics. Dans l'armée, on a procédé avec courage à une rigoureuse revision des grades. L'égalité devant le service militaire a été instituée pour les musulmans et les non-musulmans, et vous venez d'applaudir là-dessus aux nobles paroles d'Hilmi pacha.

Le gouvernement a entrepris la réforme judiciaire; il a mis à la retraite un grand nombre de juges, il a réorganisé les écoles de droit de Constantinople, de Salonique et de Koniah, il en a créé une nouvelle à Bagdad. Il étudie la réforme des codes pénal et commercial. Enfin, les étudiants qu'il a envoyés à l'Université de Paris lui fourniront dans trois ans une excellente pépinière de magistrats.

Il désire s'affranchir de la tutelle de l'Europe et préparer la suppression des capitulations. S'il est naturel que, sous un gouvernement tyrannique, les étrangers se placent sous la protection de leurs gouvernements pour y trouver la sécurité qui leur manque, il est également naturel que, lorsque l'absolutisme disparaît, lorsqu'il est démontré que la justice fonctionne régulièrement, on n'ait plus besoin de recourir à de semblables privilèges.

La promulgation de la nouvelle Constitution est appelée à modifier le statut international de la Turquie. Mais nous ne saurions, sans injustice et sans péril, dépouiller les nombreux Français établis en Orient des garanties dont ils jouissent aujourd'hui, sans qu'ils soient certains de trouver la protection de leurs droits auprès d'une justice éclairée et impartiale. Pour le bien commun des deux peuples, nos concessions devront être entourées des garanties nécessaires à la sauvegarde des intérêts considérables que représentent nos colonies, leur commerce et leurs capitaux.

Le nouveau gouvernement l'a compris, et c'est ainsi que, au moment où nous manifestions notre volonté de laisser le nouveau gouvernement accomplir en toute liberté les réformes nécessaires, lui-même, dans sa victoire, a fait appel à la collaboration d'un éminent administrateur français, notre ami M. Laurent.

Nous avons, en Orient, et au point de vue politique et au point de vue économique, une grande place à conserver et à étendre. Nos intérêts sont étroitement liés à ceux de la Turquie. Par conséquent, notre premier devoir est de garantir son intégrité territoriale et son indépendance; or, le meilleur moyen de garantir son indépendance, c'est de fortifier autant que nous le pourrons le nouveau régime et d'aider à son œuvre de rénovation.

Avons-nous fait, depuis la révolution, tout notre devoir? Je me rappelle certaine correspondance de Constantinople, publiée par *Le Temps* et signée René Moulin, où Mahmoud Chevket, ministre de la Guerre, lui disait: « Nous avons fait des commandes à l'industrie allemande après avoir examiné les projets soumis par les industriels anglais, belges et autrichiens; nous n'avons été saisis d'aucune proposition française. » Souhaitons que de pareils faits ne se renouvellent pas!

De toutes les difficultés que le gouvernement constitutionnel en Turquie doit résoudre, la plus grave peut-être est celle qui consiste à concilier la Constitution de la religion musulmane avec celle d'un État moderne, réalisant l'unité et l'égalité des races et des religions diverses qui composent l'empire. Dans cette tâche ardue, nos vœux l'accompagnent, et il peut être assuré que personne dans le monde ne se réjouira plus sincèrement de ses succès que la première alliée de l'empire ottoman, son amie séculaire, la France.

# ANNEXE

## A PROPOS DE L'AUTRICHE

### 28 OCTOBRE 1906 (1)

*Un collaborateur du* Neues Wiener Tagblatt *a eu une conversation avec M. Paul Deschanel relativement au langage que lui a prêté, à l'égard de l'Autriche,* La Nouvelle Presse libre.

— Un journal de Vienne écrivait dernièrement que, dans votre discours de réception à l'Académie, vous aviez parlé du « démembrement » de l'Autriche après le décès de l'empereur.
— Comment peut-on supposer que le président de la Chambre française, dans un discours à l'Académie,

(1) *Le Temps.*

ait tenu ce langage? Ce ne serait connaître ni les mœurs de notre Compagnie, ni nos habitudes !

— Alors, sur quoi peut reposer l'article en question?

— Je succédais à M. Édouard Hervé. J'avais à exposer la vie et l'œuvre de l'éminent écrivain. Vous savez la place considérable qu'il donnait dans ses articles à la politique étrangère. Après avoir rappelé son opposition à la diplomatie du second Empire, je fus amené à citer un passage d'un article où, au mois de novembre 1871, il faisait allusion aux événements qui se produisaient alors en Autriche. Et, ce qui montre bien ma pensée, dans ce même discours, je déclarais avec lui que la politique du second Empire contre l'Autriche avait été « un anachronisme funeste ».

« J'ai, du reste, eu l'occasion de parler de l'Autriche à la Chambre même, et vous pourriez trouver dans un de mes discours toute ma pensée sur la situation de cette puissance en Europe.

— Pourriez-vous me montrer le texte de ce discours?

M. Deschanel cherche alors dans sa bibliothèque et m'apporte un discours qu'il a prononcé à la Chambre le 19 novembre 1903, où je relève les paroles suivantes :

« L'Autriche est indispensable à l'équilibre européen et à notre propre grandeur. Tout affaiblissement de l'Autriche serait un affaiblissement de la France. L'Autriche est la clef de voûte ».

Et M. Deschanel conclut :

— Ma pensée est donc bien claire, et je l'ai exprimée assez souvent. Je considère le maintien de ce qui reste de l'équilibre européen comme la garantie de notre sécurité commune, et c'est en vue de maintenir cette balance des forces que tous les hommes d'État prévoyants doivent travailler. L'intégrité de l'Autriche est, je le répète, une condition nécessaire de cette politique de sagesse et de paix.

# TABLE DES MATIÈRES

|   | Pages. |
|---|---|
| INTRODUCTION DE L'ANNOTATEUR | V |

**BUDGET DES AFFAIRES ÉTRANGÈRES** (DISCOURS A LA CHAMBRE DES DÉPUTÉS, 11 DÉCEMBRE 1906).... 1
    Les réformes au ministère des Affaires étrangères   2
    Crète. Macédoine. Maroc. Les puissances à Algésiras............................................................ 22

**INTERPELLATION SUR LES AFFAIRES MAROCAINES** (DISCOURS A LA CHAMBRE DES DÉPUTÉS, 12 NOVEMBRE 1907)................................................ 33
    Les événements du Maroc........................ 33
    Ni conquête, ni internationalisation............. 43
    La politique de la France........................ 50

## TABLE DES MATIÈRES

Pages.

**BUDGET DES AFFAIRES ÉTRANGÈRES** (Discours a la Chambre des Députés, 5 décembre 1907) .... 57

    Les réformes au ministère des Affaires étrangères. 57

**INTERPELLATIONS SUR LES AFFAIRES MAROCAINES** (Discours a la Chambre des Députés, 27 janvier 1908) .................................................. 81

**DES MONTS DE BOHÊME AU GOLFE PERSIQUE** .......... 91

    En Autriche ........................................ 94
    En Hongrie ........................................ 97
    Dans les Balkans ................................. 101
    En Asie occidentale .............................. 106

**INTERPELLATIONS SUR LES AFFAIRES MAROCAINES** (Discours a la Chambre des Députés, 19 juin 1908). 109

    A l'Ouest : Sur l'Atlantique et dans la Chaouïa ... 111
    A l'Est : Sur la frontière algéro-marocaine ....... 121
    Dans le Sud-Oranais .............................. 130

**BUDGET DES AFFAIRES ÉTRANGÈRES** (Discours a la Chambre des Députés, 26 novembre 1908) .... 141

    Les services extérieurs du ministère des Affaires étrangères ....................................... 143

## TABLE DES MATIÈRES

|  | Pages. |
|---|---|
| La révolution ottomane | 154 |
| L'annexion de la Bosnie-Herzégovine. — La Serbie et le Monténégro | 165 |

LA CRISE ORIENTALE. — LE DEVOIR DE L'EUROPE... 175

LA DIPLOMATIE EUROPÉENNE ET LA CRISE ORIENTALE. 185

INTRODUCTION AUX CONFÉRENCES SUR L'ASIE (ALLOCUTION A LA SOCIÉTÉ DES ANCIENS ÉLÈVES ET ÉLÈVES DE L'ÉCOLE DES SCIENCES POLITIQUES, 22 JANVIER 1909)................................. 203

UNE ANNÉE DE POLITIQUE EXTÉRIEURE (1908) ...... 213

| Le Maroc | 214 |
|---|---|
| La Mer du Nord et la Baltique | 219 |
| Les États-Unis et le Japon | 219 |
| L'Orient | |

L'EUROPE ET LA POLITIQUE BRITANNIQUE (1882-1909). 227

CONGRÈS DES ANCIENNES COLONIES (DISCOURS A LA SÉANCE D'INAUGURATION, 11 OCTOBRE 1909)... 237

## TABLE DES MATIÈRES

Pages.

**BUDGET DES AFFAIRES ÉTRANGÈRES** (Discours a la Chambre des Députés, 27 décembre 1909) ... 249
    Les réformes..........................................
    Les œuvres françaises au dehors ................

**LES ÉLECTIONS ANGLAISES** (25 février 1910)........ 269

**LA SITUATION EN TURQUIE** (27 février 1910)........ 277

### ANNEXE

A propos de l'Autriche (28 octobre 1906)  285

---

B — 7592. — Libr.-Impr. réun., 7, rue Saint-Benoît, Paris.

Extrait du Catalogue de la BIBLIOTHÈQUE-CHARPENTIER
à 3 fr. 50 le volume
EUGÈNE FASQUELLE, ÉDITEUR, 11, RUE DE GRENELLE

# ÉCONOMIE POLITIQUE & SOCIALE

### PIERRE BAUDIN
La Politique réaliste à l'extérieur.................... 1 vol.

### LÉON BOURGEOIS
Pour la Société des Nations......................... 1 vol.

### ARISTIDE BRIAND
La Séparation..................................... 2 vo.

### GEORGES CLEMENCEAU
La Mêlée sociale................................... 1 v.

### PAUL DESCHANEL
L'Organisation de la Démocratie.................... 1 v.

### EUGÈNE FOURNIÈRE
La Crise socialiste................................. 1 v.

### LÉON GAMBETTA
Discours et Plaidoyers choisis..................... 1 vo

### YVES GUYOT
Les Conflits du travail et leur solution............ 1 vo.

### HENRY LEYRET
La République et les Politiciens................... 1 vo.

### PAUL LOUIS
L'Avenir du Socialisme............................ 1 vo

### A. MILLERAND
Travail et Travailleurs............................. 1 vo

### FRÉDÉRIC PASSY
Pour la Paix (Notes et Documents)................. 1 v.

### RAYMOND POINCARÉ
Idées contemporaines............................. 1
Questions et figures politiques..................... 1

### GEORGES TROUILLOT
Pour l'Idée laïque................................. 1

### WALDECK-ROUSSEAU
Questions sociales................................ 1
Associations et Congrégations..................... 1
La Défense républicaine........................... 1
Action républicaine et sociale..................... 1
Politique française et étrangère................... 1 vo
Pour la République............................... 1 vol.
L'État et la Liberté................................ 2 vol.

### RENÉ WALLIER
Le Vingtième siècle politique (1901 à 1907)........ 7 vol.

### ALEXANDRE ZÉVAÈS
Le Socialisme en France depuis 1871............... 1 vol.

18761. — L.-Imprimeries réunies, rue Saint-Benoît, 7, Paris.

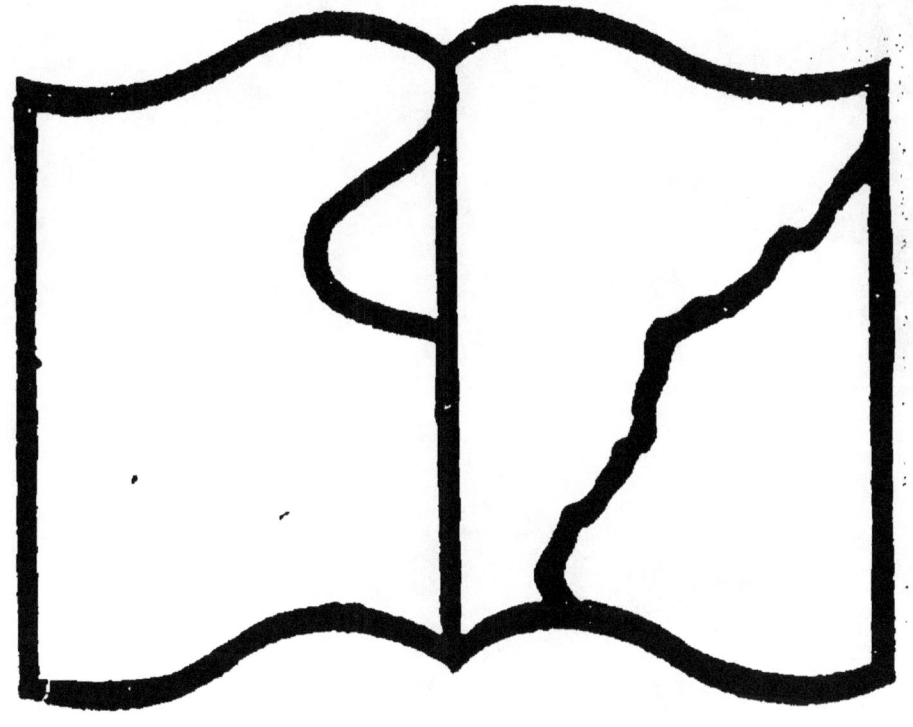

Texte détérioré — reliure défectueuse
NF Z 43-120-11

www.ingramcontent.com/pod-product-compliance
Lightning Source LLC
Chambersburg PA
CBHW071337150426
43191CB00007B/766